Titelbild: in Lascaux, Südfrankreich

guenther h. klein

Der Allmächtige

Eine Idee von Gott und der Welt

Impressum:

4.Auflage 2024

Herstellung und Verlag:

BoD – Books on Demand, Norderstedt

Satz und Gestaltung: LaTeX 2$_\varepsilon$

Alle Textrechte: © 2023 guenther h. klein

ISBN: 978-3-7583-6991-9

Printed in Germany

INHALTSVERZEICHNIS

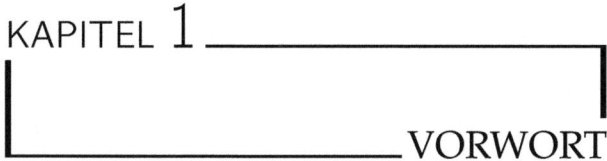

KAPITEL 1

VORWORT

Mein Buch trägt den Titel «Der Allmächtige» mit dem Subtitel: »Ideen von Gott und der Welt.«

Das Buch gliedert sich in drei Kapitel und einige Unterkapitel. Das erste Kapitel handelt von Philosophen, die sich mit dem Ewigen beschäftigt haben. Die Auswahl geschah subjektiv. Das zweite Kapitel heißt «Wissenschaft und Urknall». Hierzu gibt es einiges zu sagen. Das dritte Kapitel geht zunächst von den ersten Vers der Bibel aus. Das ist das eigentliche Thema des Buchs. Die Faktoren «Ort und Zeit» hängen damit zusammen. Reist man von einem Ort zum nächsten, ist immer Zeit vergangen. Hinzu kommt der Begriff der Information. Wir teilen uns stets Information und

Gespräche mit. Je mehr man Zeit hat, desto
mehr Informationen wie Zeitungen, Fernsehen
und sogar Gespräche im Telefon und Reden
zwischen Menschen mitgeteilt. Dies und mehr
sind Ergebnisse aus dem dritten Kapitel.

Das Titelbild zeigt Höhlenmalereien in Lascaux in Südfrankreich. Das Titelbild wurde mit
Absicht gewählt. Man weiß wenig über die
damalige Zeit. Es gibt verschiedene zeitliche
Datierungen. Sie liegen zwischen 20.000 bis
30.000 Jahren. Eine weitere Frage stellt sich
zum Klima. Anzunehmen ist die Steinzeit. Es
dürfte eisig kalt gewesen sein. So hat man in
Höhlen Zuflucht gefunden. Es wird damals
große Tierherden gegeben haben. Man hat sich
daraus Fellen, Kleider, Schuhe und Kopfbede-
ckungen angefertigt. Ging das Fleisch zu Ende,
ging man wieder in die raue Wirklichkeit. Diese Höhlen und Höhlenmalereien zählen zu den
ersten Zeugnisse menschlicher Gemeinschaft.
Das Bild zeigt Tiere an der Wand. Das war ihre
heilige Welt. Was kann ich Wissen? Es sind die
Dinge, Dinge in der Welt sind. Was darüber
hinaus geht, ist Spekulation.

«Wege zum Paradies.»

Es gibt einen Hauptweg, von dem zwei kleinere Wege abzweigen. Rein äußerlich gibt es keinen Unterschied. Die Menschen, die einen Weg eingeschlagen haben, können vorher nicht wissen, welcher Weg der richtige sei. Hat man einen Weg eingeschlagen, kann nicht mehr zurückkehren, um den anderen Weg zu wählen. An der Wegabzweigung sitzt ein Mann auf einem Stuhl. Wir treffen ihn mit unserer Gruppe und fragen ihn, welcher Weg der richtige sei. Der Mann sagt: »Fünfhundert Menschen haben den rechten Weg gewählt und fünfzig den linken.«

Unser Wortführer sagte daraufhin: »Wir wählen den rechten Weg, denn rechte Weg klingt nach dem richtigen.«

KAPITEL 2

GEDANKEN ZUR PHILOSOPHIE

>»Was für eine Philosophie man
wähle, hängt davon ab, was für ein
Mensch man sei; denn ein
philosophisches System ist nicht ein
toter Hausrat, den man ablegen oder
annehmen könnte, wie es einem
beliebte, sondern es ist beseelt durch
die Seele des Menschen, der es hat«
Johann Gottlieb Fichte (1762-1814)

Philosophie heißt Liebe zur Weisheit. Sie ist
aber auch Geschichtswissenschaft. Sie erstreckt
sich über Vergangenheit und Gegenwart. Sie
zieht über Länder und Kontinente. Der chinesi-
sche Denker Konfuzius (551-479 v. Chr.) sagte,
«edel sei der Mensch dann, wenn er sich in
Harmonie mit dem Weltganzen befindet.» Die

indische Philosophie (1500 v.Chr.) macht Weisheit und Erlösung als Grundlage der Religion. Der Buddhismus ist eine der großen Weltreligionen. Im Gegensatz zum Hinduismus und den abrahamitischen Religionen hat sie mit Weisheit, Erlösung und Logik zu tun.

2.1. Plato

Der griechische Philosoph Platon, auch Plato genannt. Er lebte von 427 bis 347 v.Chr. Sein Wirken lag in der Blütezeit der griechischen Kultur. Seine Philosophie ist die Darstellung von der »Ideenwelt«. Das ist für Platon die Welt der Wissenschaft und Wahrheit.

Sein Denken von der Schattenwelt und der Ideenwelt ist bis heute Philosophiegeschichte, sie enthält einige Wahrheiten. Die Schattenwelt entsprach seiner Gedankenwelt. »Der Schattenwurf ist realer Bestandteil der Welt«, erläuterte er. Das zeigt er an einem Beispiel. Es handelt sich um das Höhlengleichnis. Der Philosoph erläutert:

»Mit uns Menschen steht es wie mit Gefangenen, die sich in einer unterirdischen Höhle

befinden und von Geburt auf eine Bank gefes-
selt wären, so dass sie sich nie umwenden und
immer nur die dem Eingang gegenüberliegen-
de Seite sehen können. Hinter ihnen, dem Eingang zu, verläuft eine mannshohe Mauer, hinter dieser brennt ein Feuer. Wenn nun zwischen
Mauer und Feuer Menschen vorübergehen und
dabei die Mauer überragende Bilder, Statuen,
Geräte usw. vorbei tragen, dann werden die
durch das Feuer entstehenden Schatten dieser
Dinge auf die Höhlenwand geworfen, und von
dorther dringt auch das Echo der Laute, die die
vorübergehenden Menschen von sich geben, an
das Ohr der Gefangenen. Da diese Gefangenen
nie etwas anderes vernehmen als die Schatten
und das Echo, und werden sie diese Abbilder
für die Wirklichkeit halten. Könnten sie sich
einmal umwenden und im Licht des Feuers die
Gegenstände selbst schauen, deren Schatten sie
bisher sahen, und könnten sie statt des Echos
auch die Töne selbst hören, so würden sie wohl
sehr erstaunt sein über die neue Wirklichkeit.
Und könnten sie aus der Höhle heraus und
im Sonnenlicht die lebendigen Menschen, Tiere und die wirklichen Dinge selbst betrachten,

von der in der Höhle vorüber getragenen Gegenstände ja auch nur Abbilder waren, dann wären sie wohl ganz geblendet von dieser anders gearteten Wirklichkeit. Würden sie aber den Gefangenen, die in der Höhle geblieben waren, davon erzählen, dass das, was sie hören und sehen, gar nicht die eigentliche und wahre Wirklichkeit sei, dann fänden sie wohl gar keinen Glauben und würden schließlich darüber auch noch verspottet werden. Und sollte jemand den Versuch machen, die Gefangenen zu befreien und ans Licht der wahren Welt führen, könnte es ihnen das Leben kosten. Wie die Sonne im Reich des Sichtbaren allen Dingen Sein und Leben und Erkennbarkeit verleiht, so umgibt die Idee der Ideen im Reich des Unsichtbaren allen Seienden Wesen Erkennbarkeit, Wahrheit und Wirklichkeit.«

Erst durch Licht und Schatten erkennen wir die Dinge des Lebens. Es heißt in der Bibel mehrmals, die Sonne hat sich verdunkelt, so wird das Licht nicht mehr scheinen. Dazu seien drei Bibelstellen angeführt: Jesaja 13,10, Im Kap. 30,20 wird das Licht siebenfach leuchten. In der Offenbarung, Kapitel 9,2, verliert die Sonne ihren Schein.

Eine Besonderheit aus dem Leben Platos sei noch erzählt: Platon wollte seine ethischen und die politischen Ideale in die Praxis umsetzen. Er verfasste um 370 v.Chr. ein weiteres Werk mit dem Titel »Der Staat« (politeia). Er kam an den Hof des Herrschers Dionysos I. Der Herrscher war aber zu schwach, um die politischen Ideen Platons umzusetzen. Anderseits neigte er zu willkürlichen Maßnahmen. Durch eine Intrige wurde Platon auf dem Sklavenmarkt von Aegina angeboten. Nur durch einen Zufall erfuhr Annikeris, ein Sokratiker der kyrenaischen Schule, davon und kaufte ihn los. Platon erwarb später einen Garten bei dem Heiligtum des Heros Akademos. Dort soll (um 387 n.Chr.) die erste europäische Akademie entstanden sein.[2]

2.2. Anselm von Canterbury

Der Benediktinerabt Anselm von Canterbury, geboren 1033, gestorben im April 1109 in Canterbury. Er stand im Geist des Augustinus, dessen Lehre er im weitesten Sinne vertrat. Anselm wurde im italienischen Aosta, das nahe der französischen Grenze liegt, geboren. Daher wurde er auch Anselm von Aosta oder Anselm von Bec genannt. (Zur Zeit, als es noch keine Nachnamen gab, setzte man dem Vornamen die jeweilige Ortschaft bei.) Sein Kloster Le Bec liegt in der Normandie. Als der damalige Erzbischof von Canterbury, Lanfrac, 1089 verstarb, wurde Anselm erst 1093 zum Erzbischof berufen. Auf Drängen seiner Freunde und Glaubensbrüder wurde er aufgefordert, eine Schrift zur Existenz Gottes zu verfassen. Man war schon damals über die Existenz den Allmächtigen im Zweifel. Er tat die Gottesbeweise zunächst in der so genannten **Proslogion** (Anrede). Er beginnt seine Ausführungen mit einem Gebet:

»Also, Herr, der Du die Glaubenseinsicht gibst, verleihe mir, dass ich, soweit Du es nützlich weißt, einsehe, dass du das bist, über den nichts Größeres gedacht werden kann.« Er sagt auch:

- **Ich will nicht wissen, um zu glauben, sondern glauben, um zu wissen.**

Alleine schon die Anrede ist beachtenswert.

Anselm stellt den Glauben in den Vordergrund.
Er meinte, dass ein jeder Mensch sei zum Glauben fähig. Nicht das Wissen allein und das Denken macht den Menschen aus. Es ist der Glaube, die Hoffnung und Erwartung. Wer glaubt
versteht, was er glaubt. Seine Glaubenssätze
zeigen seine tiefe religiöse Prägung.

Neben dieser kurzen Anrede trägt Anselm in
dem sogenannten **Monologion** (Selbstgesprä-
che) seinen ontologischen Gottesbeweis vor.
Das geschieht mit der bereits bekannten Anrede: »Also, Herr, der Du die Glaubenseinsicht
gibst, wir glauben, dass Du das bist, über den
nichts Größeres gedacht werden kann.«

Es ist eine Meditation über das Wesen Gottes
und eine der am meisten diskutierten Aussagen in der Philosophiegeschichte. Sowohl Thomas von Aquino, Hegel, Kant u.v.m. haben sich
mit den Aussagen Anselms beschäftigt.

Im Mittelpunkt seiner Argumentation steht
sein Gottesbegriff: »Gott sei das, worüber hinaus nichts Größeres gedacht werden kann« (id,
quo nihil maius cogitari potest), formuliert er.

Was sagt die Vernunft? [1] Sie findet in sich

---

[1] Die Vernunft ist die Fähigkeit des Menschen, etwas

selbst das denkbar höchste Wesen. Mit Anselm beginnt ein neues Fragen: »Was kann gedacht werden?« Allerdings hängt der Glaube auch mit dem Unglauben zusammen.

Anselm möchte einen fiktiven Tor widerlegen. Andere Menschen mögen denken: «Es gibt keinen Gott.» Anselm führt aus, es gibt Tore, die die Existenz Gottes leugnen. Es gibt den Verstand (esse in intellectu). Alles, was verstanden werde, muss zuvor dem Verstand zugeführt sein. Er gibt zu, dass, wenn über den er den vorgelegten Gottesbegriff nachgedacht wird, worüber nichts Größeres gedacht werden kann, existiert es in seinem Verstand.

Er widerlegte den Mönch Gaunilo, der darauf erwiderte: »Wenn ich mir eine vollkommene Insel denke, so folgt daraus nicht, dass sie existiert.« Immanuel Kant, der große deutsche Philosoph, argumentiert ähnlich: »Mit der Nennung einer Sache ist ihre Existenz noch nicht gegeben. Wenn ich mir 100 Taler denke, sind sie noch nicht da.«

Doch dies hatte Anselm auch gewusst und

---

mit dem Verstand zu erfassen und es in die Praxis umzusetzen.

erwidert: Wenn ein Maler sich ein Werk aus-
denkt, existiert es noch nicht, könnte aber bald
existieren. Er fährt fort, der Maler hat eine Vorstellung von dem zu malenden Bild. Das gilt
auch für das Beispiel mit der vollkommenen
Insel. Er folgert daraus, dass damit der wahre
Sachverhalt nicht getroffen werde; denn in der
Idee Gottes liegt ein einzigartiger und unver-
gleichlicher Fall vor. Es liegt ein vollkommenes
Wesen vor, welches alle Vollkommenheit notwendig einschließt. Eine vollkommene Insel
hat aber immer nur eine Begrenztheit und End-
lichkeit.

Nachdem Anselm seine Argumente darge-
legt hat, dass das, worüber hinaus nichts Größeres gedacht werden kann, nicht nur existiert,
sondern gesetzmäßig existiert. Es folgt bei ihm
zum Schluss seines Gottesbeweises ein Dankgebet. Anselm wollte nicht beweisen, dass Gott
existiert, auch nicht im wissenschaftlichen Sinn.
Er wollte einfach nur Dank aussprechen. Die
Philosophie Anselms hat an Aktualität auch
heute viel gewonnen. Wenn ein Mensch Gott
mit Namen nennt, existiert er in seinen Gedanken. Der Gottesleugner, der sich Atheist, der

Gott mit Namen nennt, will ihn deshalb zu widerlegen versuchen.

2.3. Thomas von Aquin

Thomas von Aquin, wurde um 1225 auf Schloss Roccasecca bei Aquino in Italien geboren und starb am 7.März 1274 im Kloster Fossanova. Er war Dominikaner und einer der einflussreichsten Philosophen und Theologen der Kirchengeschichte. Thomas ist in seiner Wirkungsgeschichte ein Hauptvertreter der Philosophie des hohen Mittelalters, die man Scholastik nannte. [9]

Thomas war einer der einflussreichsten Theoretiker des mittelalterlichen Staatsdenkens. Dabei sah er den Menschen als ein soziales Wesen, der in seiner jeweiligen Gemeinschaft lebt. In dieser Gemeinschaft tauscht er sich mit seinen Artgenossen aus. Es kommt zu einem Miteinander. Seine Lehre wird kosmologische Gottesbeweise genannt.

Seine Gottesbeweise umfassen fünf Wege.

Der 1.Weg: Aus der Bewegung

Der erste Weg (ex parte motus), der von Aristoteles stammt, geht von der Erfahrungstatsache der Bewegung aus. Thomas argumentiert, dass alles, was in Bewegung ist, von einem anderen bewegt werden muss, da nichts aus sich selbst heraus bewegt werden kann. Da man in Abhängigkeit vom Bewegten und von Bewegern nicht ins Unendliche gehen kann, muss man einen ersten Beweger annehmen. Diesen ersten Beweger heißen wir alle Gott.

Der 2.Weg: Aus der Wirkursache

Der zweite Beweisgang (ex ratione causea efficientis) betrachtet die Wirkursache. Thomas sieht, dass jede Ursache wieder verursacht ist. Dieser Weg führt ins Unendliche. So kann eine unendliche Ursachenreihe letztlich nichts erklären. Man muss eine erste Wirkursache annehmen. Sie heißen wir alle Gott. (Das Verfahren wird Regression (Rückbesinnung) genannt.)

Der 3.Weg: Aus der Kontingenz

Unter Kontingenz verstehen wir Zufälligkeit, Möglichkeit. Der dritte Beweis (ex possibili et necessario) geht von dem Unterschied des bloßen möglichen und des notwendigen Seins aus.

Thomas erklärt, dass alles Sein auch Nicht-Sein bedeuten könnte. Demnach ist nichts notwendig, alles ist von Potenzialität[2] durchdrungen. Daraus folgt, dass dieses mögliche Sein einmal auch nicht seiend war. Gäbe es daher nur kontingentes Sein, dann wäre jetzt überhaupt nichts gegeben. Es gibt aber ein Seiendes, das notwendig ist zum Sein, entweder aus sich heraus oder von außen her. Da diese Abhängigkeit nicht bis ins Unendliche gedacht werden kann, kommen wir neuerdings zu einem Seienden, das von sich aus notwendig ist.

Die drei genannten Beweisgänge gleichen einander; sie werden nur als ein Beweis genannt. Deutlich sind auch weitere Denker erkennbar. Hierzu zählt Aristoteles und Moses Maimonides (1138 - 1204). Er ist ein bedeutender, spanisch-jüdischer Philosoph, Arzt, Rechtsgelehrter und Gemeindeführer; eigentlich: Abu Imran Musa Ibn Maimun Ibn Ubaid Allah.

Der 3.Weg ist nicht klar durchstrukturiert, sieht man vom dialektischen Modus vom Sein und Nichtsein ab, das unausgesprochen mit-

---

[2]Potenzialität ist die Möglichkeit, wirklich zu werden oder einzutreffen. (Quelle: Duden)

schwingt.

Der 4.Weg: Aus den Seinsstufen

Dieser vierte Beweisgang (ex gradibus perfectionum) erblickt hinter einem Vollkommenen ein höchst Vollkommenes. Aristoteles nennt das Feuer als die höchste Wärmequelle, die sich nicht steigern lässt. Analog dazu heißt es bei Thomas: Das höchste Gute lässt sich nicht mehr steigern. Das Gute liegt in der Rangordnung darunter. Und das höchste Gute nennen wir alle Gott.

Dieser Beweis geht auf Anselm von Canterbury zurück, der wiederum auf Augustinus verweist.

Der 5.Weg: Aus der Weltordnung

Dieser Weg (ex gubernatione mundi) gilt als teleologischer Gottesbeweis. Er sagte, dass die Denkmittel verschieden, die Aufgabe aber die gleiche sei. Er war durch die Stoa, eine der wirkungsmächtigsten philosophischen Lehrgebäude in der abendländischen Geschichte. Tatsächlich geht der Name - bemalte Vorhalle - auf eine Säulenhalle auf der Agora, dem Marktplatz in Athen, zurück. Dort hat Zenon von

Kition um 300 v. Chr. seine Lehrtätigkeit wird aufgenommen. Ein besonderes Merkmal der stoischen Philosophie ist die kosmologische, auf die Ganzheitlichkeit der Welterfassung gerichtete, Betrachtungsweise.[9] Sein Denken ist anschaulich: Er meint in der Welt gebe es Ordnung und Zielstrebigkeit. Daher ist eine höchste Intelligenz anzunehmen. Thomas hat abgelehnt, dass Gott unmittelbar gesehen werden kann. Seine Ablehnung und Verneinung der Sichtbarkeit Gottes sei besonders hervorzuheben. Thomas hat einen tiefen Eindruck in der abendlichen Welt hinterlassen. Er versuchte das, was geglaubt und gewusst wird, in Einklang zu bringen.

Bekannt ist auch sein (ens a se), was nichts anderes heißt, als: »Das durch sich selbst Seiende.« Deshalb zweifelt Thomas von Aquin in seinen religiösen Überlegungen nicht an Gott. Beim Menschen haben wir einen Sonderfall. Er ist ein denkendes, vernunftbegabtes Lebewesen. Es gibt einen Unterschied zwischen Anselm von Canterbury und Thomas von Aquin. Er liegt nicht nur im unterschiedlichen Gottesbegriff, sondern auch in der vorgehenden

Methode. Die Rede von Anselm: »Über Gott kann nichts Größeres gedacht werden«, hatte Thomas anderes zu sagen. Während Anselm von Gott direkt ausging, wollte Thomas Gott, nach den Regeln der Stoa, verdeutlichen. Dieses Verfahren, vom Allgemeinen zum Besonderen zu kommen, nannte man Deduktion. Für Thomas steht für das Gotteswesen und seine Existenz die Vollständigkeit in der Natur und in der Kosmologie gegenüber. Das Wort des Apostels Paulus an die Römer dürfte eine Rolle gespielt haben. Dennoch ist das Bemühen erkennbar, den Ewigen mit den Mitteln des Verstandes zugänglich zu machen. Er wollte auch sagen, was Gott nicht ist. Man könnte seine Arbeiten mit den Worten als »semantische Physik« umschreiben. Thomas ging vom Allgemeinen zum Besonderen aus. Beim Menschen haben wir einen Sonderfall. Er ist ein denkendes, vielleicht vernunftbegabtes Lebewesen.

2.4. Blaise Pascal

Eine französische Größe ist der Mathematiker Blaise Pascal (1623 - 1662). Sein Gottesbeweis wird häufig zitiert Er schreibt:

»Wenn Du an Gott glaubst, aber Gott existiert nicht, so verlierst Du nichts, aber wenn Du nicht an Gott glaubst, und Gott existiert, so wirst Du in die Hölle geworfen. Deswegen ist es dumm, nicht an Gott zu glauben.«

Übrigens, vor rund 30 Jahren gab es die Programmiersprache »Turbo Pascal«. Einer der bekanntesten deutschen Philosophen ist Friedrich Nietzsche. Er schrieb: »Pascal, den ich beinahe liebe, weil er mich unendlich belehrt hat, der einzig logische Christ.«

2.5. Baruch de Spinoza

Baruch de Spinoza lebte von 1632 bis 1677, portugiesisch: (Bento de Espinosa), latinisiert (Benedictus de Spinoza). Er wurde in Amsterdam geboren. Seine Eltern sind jüdischer Herkunft und lebten in Portugal und zogen wahrscheinlich um 1623 nach Amsterdam, wo Baruch im Judenviertel geboren wurde. Acht Tage später, nach der Beschneidung, bekam er den Namen Baruch. Der Name heißt, übersetzt: Der Gesegnete. Der biblische Baruch war der

Schreiber des Propheten Jeremia (Jeremia 45).
Wie damals (und noch heute) üblich, wurden
die Knaben in der Thora unterwiesen (Thora
= die fünf Buch Moses). Das Ziel war es, zu
einem Rabbiner ausgebildet zu werden. Als
etwa 18-jähriger wird er in der Schule nicht
mehr aufgeführt. Sein Vater starb 1654. Baruch
musste als Ältester der Söhne die Handelsge-
schäfte seines Vaters weiterführen. Zu dieser
Zeit entdeckte er bei sich einen Widerspruchsgeist. Als wenig später die Geschäfte schlecht
liefen, musste er Konkurs anmelden. Etwa zur
gleichen Zeit kam er mit einer mennonitischen
Gemeinde zusammen. Dort lernte Baruch Latein. Das befestigte seinen Widerspruchsgeist
weiter. Das Resultat war, dass er wegen angeb-
lich schlechter Manieren aus der jüdischen Syn-
agoge ausgeschlossen wurde. Zu dieser Zeit
zogen aus Portugal weitere Juden nach Amsterdam. Es waren die Freidenker Juan de Pra-
do und Manuel Ribeira. Der Einfluss auf den
jungen Baruch war beachtlich. Als er seine Verteidigungsschrift nicht in Jüdisch, sondern in
Latein verfasste, musste er auf Betreiben der
jüdischen Rabbiner Amsterdam zeitweise ver-

lassen. Wegen dieser Vorfälle vertrat Spinoza bibel- und religionskritische Ansichten. Dennoch kann er sich von der jüdischen Religion nicht gänzlich trennen. Sein Frühwerk, das als verschollen gilt, trägt den Titel: **Kurze Abhandlung von Gott, dem Menschen und seinem Glück.** Sein Hauptwerk ETHICA spricht eine deutliche Sprache. Die Philosophie Spinozas ist eine Zusammenfassung der Gedanken des 17.Jahrhunderts. Das ist eine Konzeption des Gesamtmenschlichen unterteilt in Logos, Ethos, Eros und Mythos. Nicht nur aus diesem Grund gilt Spinoza als Pantheist. Das will sagen: Gott ist die Gesamtheit der Natur; Gott, Welt und Mensch ist ein Sein. Er schreibt weiter: Unter Gott verstehe ich das unbedingt unendliche Wesen, das heißt die Substanz, die aus vielen Attributen besteht, deren jedes ewige unendliche Wesenheit ausdrückt.[9] In einer anderen Abhandlung heißt es zur Substanz: »Darunter verstehe ich das, was in sich ist und durch sich begriffen wird. Diese Bedingung erfüllt nur Gott. Also gibt es nur eine einzige Substanz, die göttliche.« Seine Ansichten über die Seele lassen aufhorchen. Die Seele sei eine Modifikation Gottes. Der Leib und jeder Körper ist wieder ein Modus Gottes.[2]

Heinrich Heine schrieb:

»Wenn den Spinoza einst aus seiner altcartesianischen mathematischen Form erlöst und ihn dem großen Publikum zugänglich macht, dann wird sich vielleicht zeigen, dass er mehr als jeder andere über Ideendiebstahl klagen dürfte. Alle unsere heutigen Philosophen, vielleicht ohne es zu wissen, sehen sie durch die Brillen, die Baruch geschliffen hat.«

2.6. Immanuel Kant

Gotthold Ephraim Lessing (1729-1781) schreibt: »Kant übernimmt ein schwer Geschäfte, der Welt zum Unterrichte, er schätzt die lebendigen Kräfte, nur seine schätzt er nicht.«

Kant gilt als einer der größten Philosophen deutscher Sprache. Seine Philosophie nannte man später »Deutsche Aufklärung«. Er wird auch heute noch gerne zitiert. Er stammte aus der ehemals preußischen Stadt Königsberg. Heute heißt die Stadt Kaliningrad. Kant wurde am 22.4.1724 dort geboren. Er lebte sein ganzes

Leben in Königsberg , obwohl er Einladungen zu Vorträgen und Lehrtätigkeiten aus anderen Städten bekam. Kant verstarb am 12.2.1804 auch dort. Dazwischen lagen Jahre und Jahrzehnte der philosophischen Tätigkeit, obwohl es zunächst nicht danach aussah. Er stammte aus einer Handwerkerfamilie. Die finanziellen Mittel waren beschränkt. Seine körperliche Kondition wäre noch zu nennen. Der rechte Schulterknochen trat hervor, nicht sehr stark, aber sichtbar. Er sah zart und gebrechlich aus und das bei einer Körpergröße von nur 157 Zentimeter. Er war anders als seine Mitschüler. Das schien eine Voraussetzung zu sein für ein - doctor universalis. Im heutigen Kaliningrad steht ein Denkmal von ihm.

Zur damaligen Zeit war es üblich, Freunde und Bekannte zum Essen einzuladen. Man saß zusammen, unterhielt sich und speiste gemeinsam. Als Kant alt geworden war und eigentlich kein Essen mehr geben konnte, saß man dennoch zusammen und sprach miteinander. Schließlich waren seine Kollegen genauso alt wie er.

Zahlreiche Episoden gibt es zu Kant zu berichten. Eine davon ist seine Pünktlichkeit. Man sagt, man hätte, die Kirchturmuhr nach ihm stellen können, so genau waren seine Spaziergänge. Sein Diener, ein ausgedienter Soldat namens Martin Lampe, weckte ihn um fünf Uhr mit preußischem Ruf: »Es ist Zeit!« Später trennte sich Kant von Lampe, als dieser zu sehr dem Alkohol zusprach. Kant formulierte: »Der Name Lampe muss endgültig vergessen werden.«[8]

Sein Gönner, Johann Schulz, fragte ihn verzweifelt: »Fürchten Sie auch Gott« Er wollte sich vergewissern, ob Kant nicht allzu weit von der damals strengen christlichen Lehre entfernt war. Es ging ihm darum, ihn weiter zu empfehlen zu können. Dazu hatte er auch allen Grund. (Sowohl Kant als auch Heine standen auf dem katholischen Index; der Vorläufer der Inquisition.) Kant schrieb zum Streit der Fakultäten:

»Wenn Gott zu den Menschen wirklich spräche, so kann dieser doch niemals wissen, dass es Gott sei, der zum ihm spricht. Es ist a priori unmöglich, dass der Mensch durch seine Sinne den Unendlichen fassen, ihn von den Sinneswesen unterscheiden und woran ihn erkennen kann. Dass es aber nicht Gott sein könne, dessen Stimme er zu hören glaubt, davon kann er sich wohl in einigen Fällen überzeugen, denn wenn das, was ihn geboten wird, dem moralischen Gesetz zuwider ist, so mag die Erscheinung ihm doch noch so majestätisch und die ganze Natur überschreitend dünken; er muss sie doch für eine Täuschung halten.«

Ob der Obertitel, Streit der Fakultäten, zutraf, ist eine Frage. Der Name **Fakultät** besagt Hochschule. Vielleicht gab es eine Fachrichtung Theologie. Kant könnte an solchen Semestern teilgenommen haben. In der damaligen Zeit war der strenge Pietismus in Königsberg und im Umland verbreitet. Kant wurde darin erzogen. Er war ein feinfühliger Mensch. Das AT sprach in den ersten Versen von der Erschaffung der Welt. Auch sonst sprach Gott wiederholt zu Propheten, Schriftgelehrten und zu Königen. Kant sagte, Gott spricht nicht zum Menschen. Solche Formulierungen können nicht bewiesen werden. Indem er das sagte, als er etwa 40 Jahre alt war, stellte er sich außerhalb der damaligen Religion.

Kant war in Königsberg eine stadtbekann-

te Persönlichkeit. In Damenboudoirs, private
Zimmer einer Dame, lagen seine Schriften aus.
Es war nicht selten, dass sich ältere Damen
in Cafés trafen, um sich mit der Kant'schen
Philosophie zu beschäftigen. Man weiß nicht,
um was es dabei konkret ging, jedenfalls fand
Kant bei Damen einen nicht geringen Anklang.
Die Aussage Kants: »Habe Mut. Bediene dich
deines Verstandes«, waren Aussagen, die für
die Allgemeinheit bestimmt war und bis heute
gelten. Seine philosophischen Werke:

- **Kritik der reinen Vernunft**
- **Kritik der praktischen Vernunft**
- **Kritik der Urteilskraft**

Das Wort, Kritik, besagt Urteilsfähigkeit oder
Unterscheidungsvermögen. Das Wort, Vernunft,
hatte damals einen anderen Klang als der heutige. Man könnte es als Einsicht und Besonnen-
heit definieren, wobei das Gewicht auf Beson-
nenheit zu legen wäre. Eine Satz Kants, der
Jahrhunderte überlebte und für allerlei Spott
gesorgt hat, ist der kategorische Imperativ:

»Handle nur nach derjenigen Maxime, durch
die du zugleich wollen kannst, dass sie ein
allgemeines Gesetz werde.«

Kant stellte vier Fragen:

- **Was kann ich wissen?**
- **Was soll ich tun?**
- **Was darf ich hoffen?**
- **Was ist der Mensch?**

Der Philosoph Arthur Schopenhauer (1788-1860) sagte zum Kategorischen Imperativ: »Durch ein, du sollst und ein Befohlen muss sein, hatte er eine Sklavenmoral erdacht.« Der Dichter und Spötter Heinrich Heine formulierte:

»Der alte Lampe muss einen Gott haben, sonst kann der arme Mensch nicht glücklich sein – der Mensch soll aber auf der Welt glücklich sein – das sagt die praktische Vernunft – meinetwegen – so mag auch die praktische Vernunft die Existenz Gottes verbürgen. Infolge dieses Arguments unterscheidet Kant zwischen der theoretischen Vernunft und der praktischen Vernunft, und mit dieser, wie mit einem Zauberstäbchen, belebte er wieder den Leichnam des Deismus, den die theoretische Vernunft getötet.«

Die Ideenwelt Platons war für Kant ein Anschauungsobjekt. Dass brachte ihm den Ruf ein, er sei Atheist. Man setzte seine Schriften auf den Index. Die Werke wurden in Hessen verboten. Auch in Heidelberg, der altehrwürdigen Universitätsstadt, wurde ein Professor abgesetzt, der es gewagt hatte, über Kant laut zu lesen.

Die preußische Regierung schrieb an die Königsberger Verwaltung folgenden Brief:[7]

»Deß ungeachtet sind Wir nicht weniger entschlossen, den Magister (Magister besagt Lehrer oder Meister) Immanuel Kant zum Nutzen und Aufnehmen der dortigen Akademie bei einer anderweitigen Gelegenheit zu placieren.«

Es zeigte sich der Aufstieg des Königsberger Philosophen. Mit den Jahren hatte er eine Popularität erlangt, die Anlass zur weiteren Ausbreitung seiner Schriften war. Als er am 12.02.1804 verstarb, hatte er ein Werk hinterlassen, das ihn zum größten Denker des Abendlandes werden ließ. Kant formulierte Gottesbeweise:

- **Ontologischer Gottesbeweis**
- **Kosmologischer Gottesbeweis**
- **Teleologischer Gottesbeweis**

Der Begriff Ontologie stammt aus dem Altgriechischen und bedeutet »Lehre vom Seienden«. Ontologen befassen sich nicht nur mit greifbaren Dingen und deren Wesen, Ordnung und Begrifflichkeit, sondern auch das, was nicht mit Beweisen erfasst werden kann – das ist Thema der Ontologie (Quelle Bing).

Kosmologische Gottesbeweise gehen zurück auf Aristoteles und auf der Idee des unbewegten Bewegers. Hierzu zählt auch Thomas von Aquin. Der teleologische Gottesbeweis (telos = Ziel, Sinn). Alles in der Welt ist zielgerichtet und auf Ordnung, Schönheit und Zweckmäßigkeit ausgelegt. Die einfachste Idee des kosmologische Gottesbeweises: Von Nichts kommt Nichts.

Johann Gottfried Herder (1744-1803) schrieb zu Kant: »Mit dankbarer Freude erinnere ich mich aus meinen Jugendjahren der Bekanntschaft und des Unterrichts eines Philosophen, der mir ein wahrer Lehrer der Humanität war Seine Philosophie weckte das eigene Denken auf, und ich kann mir beinahe nichts Erleseneres und Wirksameres hierzu vorstellen, als sein Vortrag war.«

Herder war einer der einflussreichsten Schrift-

steller und Denker deutscher Sprache im Zeitalter der Aufklärung und zählt mit Christoph
Martin Wieland, Johann Wolfgang Goethe und
Friedrich Schiller zum klassischen Viergestirn
von Weimar.[9]

2.7. John Locke

Es soll eine kurze Betrachtung des englischen
Philosophen John Locke (1362-1704) gemacht
werden. Locke liegt zwischen Descartes und
Kant. Er gilt als einer der großen englischen
Philosophen. Er studierte in Oxford scholas-
tische Philosophie, später Medizin, das seine
Philosophie mitbestimmte. Er begleitete verschiedene Ämter. Er arbeite zunächst als Arzt.
Als dieser stand er in Diensten des späteren
Lordkanzlers Earl of Shaftesbury (Anthony As-
hley Coopers). So sind seine Aussagen zur Er-
kenntnistheorie von enormer Tragweite. Von
allen Philosophen, außer Thomas und Anselm,
konnte er heute noch viele denkende Menschen überzeugen. In seinem in vier Büchern
gegliederten Hauptwerk, »Versuch über den
menschlichen Verstand«, (engl: An essay con-

cerning human understanding.) geht er auf
den Ursprung, Umfang und Grad der Gewissheit menschlicher Erkenntnis ein. Darin führt
er aus, dass die Seele eines gerade geborenen
Menschen zunächst leer sei, so leer wie ein
unbeschriebenes Blatt Papier. Weiter führt er
aus:

Alle Ideen (ideas) oder die Bewusstseins-
inhalte und schließlich das, womit sich der
menschliche Geist beschäftigt und ausdrückt,
stammen aus der Erfahrung. Diese Erfahrung,
»Sensation«, bestimmen Eindrücke, die von Eltern stammen. Ohne die Aufnahme der Sinnes-
eindrücke der Eltern gibt es keine Erkenntnis.
Diese äußere Erfahrung, also der Impuls, und
die Aufnahme dieser Ideen, werden im Geist
reflektiert und führt zum Denken und zur Erkenntnis. Jeder erwachsene Mensch reflektiert
seine Gedanken von seinen Eltern. Ohne diese Reflexionen gibt es keine Erkenntnis. Ein-
facher gesagt: Durch Erziehung bassiert das
Denken. Hat der Mensch keine Erziehung und
wird als Kleinkind sich selbst überlassen, wird
daraus nicht das, was wir Mensch nennen. Er
bekommt lediglich Essen und Trinken, aber er

erfährt weder Zuwendung noch das Erlernen der Sprache. So machen Sprache und Information den Menschen aus.

»Ich glaube, kann es aber noch nicht beweisen, dass der Erwerb einer menschlichen Sprache, das heißt die gesprochene oder die Gebärdensprache, eine notwendige Vorbedingung des Bewusstseins ist – im strengeren Sinn, ein Subjekt, ein Ich, ein sich seiendes Etwas.«

Locke gehört neben Descartes und Leibniz zu den Vertretern des Rationalismus. Darunter versteht man eine philosophische Richtung, die dem Denken große Bedeutung beimisst. Zu diesen gut formulierten Gedanken soll nichts weiter gesagt werden. Das Denken Lockes ist einfach und genial zugleich. Dabei ist der Unterschied zwischen der Gotteserkenntnis eines Platon und eines Kant beträchtlich. Was für Platon Ideen und Ideenwelt waren, ist für Kant das, was er das Wesen Gottes nennt. Dabei ist Locke mehr Psychologe als Philosoph. Nach seiner These beruhen alle Urteile auf Erfahrung, und diese ist anerzogen. Ohne Erziehung gibt es keine Gotteserkenntnis. Da die Erfahrungen aller Menschen unterschiedlich sind, sind auch ihre Ansichten und Urteile unterschiedlich. Jeder Mensch ist ein einmaliges Wesen.

2.8. Søren Kierkegaard

Søren Kierkegaard lebte von 1813-1855. Er schreibt: »Es ist wahr, was die Philosophie sagt, dass das Leben rückwärts verstanden werden muss. Aber darüber vergisst man den anderen Satz, dass es vorwärts gelebt werden muss.«

Søren war ein dänischer Philosoph und gilt als Religionsphilosoph. Er gehörte zum »Goldenen Zeitalter« Dänemarks. Søren wurde nur 42 Jahre alt. Er hatte noch sieben Geschwister, von den fünf früh starben. Als sein Vater das verinnerlichte, meinte er, er sei wegen früherer Sünden hart bestraft worden. Aus diesem Grund habe er zu Schwermut und Melancholie geneigt. Das hat sich auf seinen Sohn übertragen. Sein Vater, Mikael, war Wirkwarenhändler (Stoff-und Schuhwaren) und hatte einiges Geld verdient. Zur gleichen Zeit lebten der Dichter Hans Christian Andersen und Christian Jörgensen Thomsen. Er war Sekretär der Königlichen Altertumskommission. Waffen teilte er in

Steinzeit, Bronzezeit und Eisenzeit ein. Diese
Einteilung gilt bis heute. Søren stand mit der
evangelischen Amtskirche im steten Konflikt.
Er wollte Pfarrer werden, was aber abgelehnt
wurde. Sein ganzes Leben war von Gegensätzen geprägt. Er lebte von inneren Konflikten
und trug sie aus. Das waren für ihn **Gut und
Böse** und **Staat und Kirche.** Er war sogar der
Meinung, dass die Amtskirche, die Theologen
und Pfarrer, nicht den rechten Christenglauben
gepredigt hätten. Er sah einerseits die Bibel
und andererseits die Pastoren in steten Wider-
sprüchen.

Er hätte sagen können: Das Christentum ist
kein normativer Begriff. Juden und Christen
stoßen sich ab und Christen untereinander auch.
Vergeblich nennen sich Kirchen römisch-kath-
olisch, griechisch-katholisch, russisch-orthodox,
koptisch. Seitdem es die evangelische Kirche
gibt, spalteten sich bald Freikirchen in Son-
dergemeinschaften. Es soll kein gemeinsames
Merkmal wahren Christentums geben.[3] Das
Werk zeigte die Gegensätze im Denken Kierkegaards auf. Das besagt auch das folgende
Zitat:

• »Die Menschen scheinen die Sprache nicht empfangen zu haben, um die Gedanken zu verbergen, sondern um zu verbergen, dass sie keine Gedanken haben.« Spätestens jetzt leuchtet ein , Søren hat Gedanken gespiegelt.

Viele Philosophen und Theologen haben sich mit Gott beschäftigt. Es wurden verschiedene Aussagen gemacht. Philosophie ist eine Suche nach Wahrheit. Manche Denkansätze haben bleibenden Wert, manche sind vergessen. Ein abschließendes Zitat von Kierkegaard:

• Seine Aussage ist typisch: »Das Gebet ändert nicht Gott, sondern den Betenden.«

2.9. Jean Guitton

Zu einem der letzten großen und christlichen Philosophen des vergangenen Jahrhunderts zählt der französische Denker Jean Guitton (18.August 1901-21.März 1999). Sein Denken kann hier nur ansatzweise vorgestellt werden.[4] Er schreibt:

• »Das Jahr 1927 war eines der wichtigsten in der Geschichte des zeitgenössischen Denkens. Es markiert den Beginn der metarealistischen

Philosophie. Es ist das Jahr, in dem Heisenberg seine Unbestimmtheitsrelation darlegte, in dem Georges Lemaître seine Ausdehnung des Universum formulierte, in dem Einstein seine vereinheitlichte Feldtheorie vorschlägt, in dem Teilhard de Chardin die ersten Elemente seines Werks publiziert. Und es ist das Jahr des Kopenhagener Kongresses, der die offizielle Begründung Heisenbergs zur Quantentheorie markiert.«

• »Der menschliche Geist spiegelt ein Universum wieder, das dem menschlichen Geist entspricht. Daher kann nicht einfach gesagt werden, dass Geist und Materie miteinander koexistierten. In gewisser Weise ist das Universum durch den Allmächtigen geschaffen worden. Der Metarealismus beginnt genau in dem Augenblick, wo der Träumer sich seiner selbst und seines Traums bewusst wird.«

• »Um die Existenz des kosmischen Codes akzeptieren, ihn verstehen zu können, sollte man seinem Denken eine metarealistischen Rahmen geben. Ich fordere den Leser auf, über zwei Merkmale nachzudenken:

– Geist und Materie bilden ein und dieselbe

Realität;

– der Schöpfer dieses Universums aus Materie und Geist ist übersinnlich.« **In seinem Epilog schreibt Guitton:**

• »Wir können das Universum als eine Art kosmische Hieroglyphe verstehen, die wir gerade zu entschlüsseln beginnen. Jedes Atom, jedes Fragment, jedes Staubkorn existiert in dem Maße, wie es Teil universeller Bedeutung ist. Und so gliedert sich der kosmische Code auf, zuerst Materie, dann Energie und schließlich Information.«

Geist und Materie sind als Gemeinsamkeit zu verstehen. Das Eine kann nicht ohne das Andere existieren. Dieser Geist ist gleich mit Information. Der Ewige ist Geist, Unendlichkeit und gleichzeitig Information. Guitton schreibt von dieser Welt. Er ist einer der letzten großen Denker des Abendlandes.

Die Welt besteht aus Informationen. Alles, was der Mensch denkt und spricht, sind Inforationen. Manche Informationen verstehen wir, manche nicht. Was wir nicht verstehen, muss nicht notwendig falsch sein.

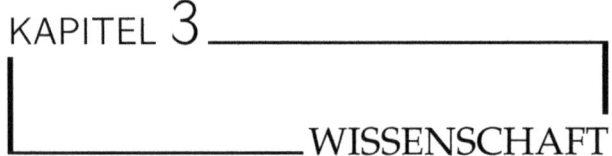

KAPITEL 3

WISSENSCHAFT

Was am Anfang der Welt war, sind uralten
Fragen der Menschheit. Es hat verschiedene
Antworten gegeben, ohne dass eine schlüssige
Antwort gegeben hat. Es ist von einem Urknall,
einer Ursuppe, dem Zufall und der Stecknadel-
Theorie die Rede. Bevor darauf eingegangen
wird, soll auf die Plattentektonik (Kontinentalverschiebung) kurz eingegangen werden. Kontinente Afrika und Nordamerika gehörten ehemals zu einer einzigen Landmasse. Dazu auch
die Inseln Madagaskar und Grönland, die jeweils zu ihrem Festland gehörten. Das Ganze
dürfte durch ein oder zwei kleine Meere um-
flossen sein. Die Idee geht auf den Meteorolo-
gen Alfred Wegener (1880-1930) zurück. Nach
geschätzten 200 Millionen Jahren (früher Ju-

ra) gehörten alle Kontinente zu einer einzigen Landmasse. Nach 160 Millionen Jahre (Mitteljura) drifteten die Kontinente langsam und stetig auseinander. Es bildeten sich Zwischenmeere. Nach 80 Millionen Jahre (obere Kreide) begann die Kontinentalverschiebung größer zu werden. Vor 40 Millionen Jahre (oberes Eozän) war die Trennung der Erdkontinente fast vollzogen. (die Begriffe sind später entstanden.) Heute haben wir die komplette Trennung von Meeren und Erdteilen vor uns. Was führte zu dieser Plattentektonik? Es lagen feste, harte und leicht verformbare Gesteinsschichten vor. Und im Innern der Erde herrschten verschiedene Temperaturen. Es gab kalte, warme und heiße, ja flüssige und sogar explosive Stoffe. Die ganze Natur ist in Bewegung. Erdschichten wandern auf andere oder über andere Gesteinsschichten (Erdplatten). Es folgen Erdbeben, Hurrikane und Taifune. Wie bei den Planeten üblich entstehen durch Rotation Atemstoff. Es entstehen verschiedenen Tierarten, Menschenarten und Floren. Auf Madagaskar gibt es Affenarten. Darwin zum Gedenken. Worin besteht Ursache und Wirkung? Man kann auch nicht feststellen, ob es ein Kommen oder Gehen gibt. Allgemein kann man sagen, Materie und Geist sind unterschiedlich Wörter, gehören aber inhaltlich zusammen. Wenn das All vor 15 Milliarden Jahre entstanden sein soll, wie kann man das verständlich darstellen? Wer war dabei? Niemand kann auf 15 Milliarden Jahre zurückblicken. Der Norweger Thor Heyerdahl (1914-2002) hat mit Schiffen wie Kon-Tiki die alte Welt Perus besucht und mutmaßte, dass die Bewohner die Inselwelt Polynesien bevölkert hätten. Die Entfernung beträgt heute rund 6.000 Kilometer. Wenn man aber das Mittel-Jura annimmt, waren die Wasserwege deutlich länger. Die Welt hat es immer gegeben, nur die Verhältnisse wurden und werden anders.

Der Urknall soll die Entstehung des Kosmos belegen. Es soll offenbar Knälle gegen haben, bevor die Welt wurde. Ein Knall ist keine mathematische Größe. Weiter ist verständlich, ein Knall kann nicht aus dem Nichts entstanden sein. Man hat den Eindruck, Begriffe wie **Urknall und schwarze Löcher** seien miteinander verwandt. Eine weitere Frage bezieht sich auf die Größe des Universums. Fachleute sind sich selbst nicht einig. Die eine Gruppe spricht von 78 Milliarden Lichtjahren, die andere Gruppe nennt 138 Milliarden. Bisweilen ist zu hören, der Urknall sei ein Unfall. Der eine Wert als auch der andere, entspricht nicht dem menschlichen Vorstellungsvermögen. Dabei ist das Universum nicht begrenzt und hat auch keinen Rand. Deshalb bringen Zahlen wenig. Wenn es heißt, das Universum sei soundso groß, verlangt das eine bestimmte Größe. Eine solche bestimmte Größe ist gleichzeitig etwas Begrenztes. Wenn der Allmächtige das Weltall und Alles in der Welt geschaffen hat, müsste er ebenfalls begrenzt sein. Überhaupt haben die Gedanken von der Größe des Universums, dem Urknall, der Ursuppe, der Stecknadel-Theorie und der Schöpfungstheorie ein erhebliches Manko. Es wird von Zahlen und von fernen Welten gesprochen. Eine ferne Welt ist zugleich eine fremde Welt. Das Fremde ist nicht nah. Das Nahe ist vorstellbar. Wenn die Welt aus dem Urknall, dem Zufall, der Stecknadel-Theorie entstanden sein soll, wie soll dann die Welt enden? Wenn es einen Anfang gegeben hat, muss es ein Ende geben.

Wie auch immer, der Urknall, die Ursuppe und die Stecknadel-Theorie liegen außerhalb der Zeit und jeglicher logischer Information. Jede Zahl drückt etwas Begrenztes aus. Die 138 Lichtjahre dürfen nicht 140 Lichtjahre lauten. Will man den Allmächtigen abschaffen und an deren Stelle den Urknall setzen? Der Ewige ist keine Person, sondern ist Geist.

Es gibt den Begriff der Allegorie. Darunter versteht man eine bildhafte Darstellung abstrakter Sachverhalte. Nehmen wir die Größe des Universums an. Zum Verständnis der Sache sei die Weltbevölkerung herangezogen. Diese beträgt im Jahr 2020 7 Milliarden Menschen. Die Bevölkerung nimmt in jeder Sekunde um einen oder zwei Menschen zu. Das Modell verdeutlicht den Sachverhalt auf einfache Weise. Die Darstellung hat weder eine Grenze noch einen Anfang und auch keinen Rand. Natürlich sterben Menschen. Wenn das Universum soundsoviel Lichtjahre groß sein soll, die Welt aber vom Allmächtigen geschaffen wurde, müsste der Allmächtige eine Grenze und einen Rand haben. Hätte die Welt einen Anfang, müsste sie auch ein Ende haben. Da aber Gott von Ewigkeit zu Ewigkeit ist, hat er weder einen Anfang noch ein Ende. Wäre das anders, könnte Gott nicht ewig sein. Psalm 90:2 besagt: »Ehe die Berge und die Erde wurden, bist du Gott von Ewigkeit zu Ewigkeit.« Beachten wird das Wort **ewig**. Es ist ein Adjektiv. Durch die Nachsilbe **keit** wird daraus das Substantiv **Ewigkeit.** Der Inhalt des Wortes hat andauernde Wirksamkeit. Es hat weder ein Anfang noch ein Ende. So heißt bei Jesus Sirach 39,20: »Von Ewigkeit zu Ewigkeit blickt er hernieder. Gibt es hierzu eine Grenze? Nichts ist klein und gering bei ihm, nichts ist für ihn zu unbegreiflich und zu schwer.« Es gibt hierzu mehrere Aussagen.

Man hört auch, der Ursprung der Welt sei so groß wie eine Stecknadelkopf. Es sollen hohe und tiefe Temperaturen geherrscht haben. Im Laufe von Milliarden von Jahren sei die heutige Welt entstanden. Demnach wird die Welt größer und kälter. Es würde zu weit führen, würde man die Ausführungen von Igor Bogdanov zur Zufallstheorie zitieren (Seite 74). [4] Er spricht nicht von Millionen und Trillionen von Jahren. Denn selbst diese ungeheure Zahl stellt eine Grenze dar.

Es folgen Zitate bekannter Wissenschaftler:

• [Edwin Hubble:] war ein US-amerikanischer Astronom (1889-1953). Nach ihm wurde ein Weltraumteleskop benannt. Die heutigen Nachfolger schauen ebenfalls in ferne Galaxien. Es sind Spiralnebel, rote und gelbliche Nebel zu sehen. Eine unbekannte Welt wird gezeigt. Sind die Wolkengebilde, die für die Entstehung neuer Welten entstehen sollen, zutreffend? Oder werden lediglich gemachte Bilder gezeigt? Da die Welt anfangs so groß wie eine Stecknadelkopf gewesen sein soll, ist anzunehmen, dass die Welt stets größer und kälter wird. Es sollen Sterne und Planeten auseinander driften, das sollte man verstehen, ist zugleich realitätsfern. In einer Milliarde, Milliarde und Milliarden von Jahren strebt der Mond der Sonne zu. Das ist eine ferne und zugleich fremde Welt.

• [Rudolf Diesel:] Er wurde (1858) als Sohn verarmter deutscher Einwanderer in Paris geboren. Der junge Ingenieur hatte die Idee, Luft zu verdichten und dann unter Zuführung von Kraftstoff zur Entzündung zu bringen. Man spricht von der Selbstentzündung des Motors.

Als es ihm schließlich gelang, einen kleinen Verbrennungsmotor, den späteren Dieselmotor, zu bauen, wurden die Vorteile schnell erkannt. Die Idee, einen Selbstzünderdmotor zu bauen, ist zunächst in seinen Gedanken entstanden. Durch mehrere Versuche wurde die Idee realisiert.

• [Ignaz Semmelweis:] Eine Besonderheit stellt Ignaz Semmelweis (1818-1865) dar. Um 1840 starben viele Frauen im Kindbettfieber. Als Ursache war mangelnde Hygiene von den Händen der Ärzte. Seine Kollegen haben seine Ausführungen als spekulativen Unfug abgetan. Ärzte sollen sich an Toten nicht verunreinigen. Sie sezierten und reinigten sich nicht die Hände. Es zeigte sich später, das die Ursache des Kindbettfiebers war. Selbst Bibel erwähnt in 3.Mose 21,1 ähnliche Aussagen.: »Der Herr sprach zu Mose: Rede zu den Priestern, den Söhnen Aarons, und sag zu ihnen: Keiner von ihnen darf sich an der Leiche eines seiner Stammesgenossen verunreinigen (ff).«

Da seine Kollegen ihm die Ehre nicht erwiesen, starb Semmelweis später in einer Irrenanstalt. Erst der schottische Mediziner Joseph

Lister, (1.Baron Lister), und Robert Koch und Louis Pasteur haben seine Arbeiten rehabilitiert. Heute gilt Semmelweis als »Retter der Mütter«. Semmelweis konnte am Erfolg nicht mehr teilhaben. Wer eine andere Meinung hat, muss sich in acht nehmen, nicht auf Gröbste beschimpft zu werden.

Wikipedia schreibt:

»Wissenschaft ist die Erweiterung des Wissens durch Forschung, dessen Weitergabe durch Lehre, der gesellschaftliche, historische und institutionelle Rahmen, in dem dies organisiert betrieben wird, sowie die Gesamtheit des so erworbenen Wissens. Forschung ist die methodische Suche nach neuen Erkenntnissen sowie deren systematische Dokumentation und Veröffentlichung in Form von wissenschaftlichen Arbeiten. Lehre ist die Weitergabe der Grundlagen des wissenschaftlichen Forschens, die Vermittlung eines Überblicks über das Wissen eines Forschungsfelds und den aktuellen Stand der Forschung sowie die Unterstützung bei deren Vertiefung.«[9]

• [Über das Leben Euklids] ist nichts bekannt. Aus einer Notiz bei Pappos entnahm

man, er habe im ägyptischen Alexandrias gewirkt. Weitere Lebensdaten sind nicht bekannt.
Die Annahme, er habe um 300 v. Chr. gelebt, beruht auf einem Verzeichnis von Mathematikern
bei Proklos. Andere Indizien lassen vermuten,
er sei etwas jünger als Archimedes (ca. 285–212
v. Chr.) gewesen. Aus einer weiteren Stelle bei
diesem Gelehrten hat man auch geschlossen,
er sei um das Jahr 360 v. Chr. in Athen geboren worden. »Dort habe er eine Ausbildung an
der Akademie Platons erhalten, es könnte zur
Zeit Ptolemaios I. (ca. 367–283 v. Chr.) der in
Alexandria gewirkt haben.«[9]

• [Eine weitere Größe ist Nikolaus Kopernikus:] . Er wurde 1473 in Thorn (ehem. Pom-
mern) geboren und starb 1543 in Frauenberg.
Seine Leistung bestand im Nachweis des heliozentrischen Weltbildes mit der Sonne als Zentrum. Es soll von Claudius Ptolemäus und Aristoteles beeinflusst worden sein. Seine Ausbildung wurde in Krakau, Bologna, Padua und
Ferrara vervollständigt. Sein bekanntestes Werk
lautet: »Über die Umlaufbahnen der Himmelss-
phäre.«

Seit Kopernikus wurden die Dogmen der
Kirche hinterfragt. Hierzu gehört auch der Konflikt Martin Luthers mit der damaligen katholischen Kirche und die Gründung der evangelischen Kirche. Dem heliozentrische Weltbild
des Kopernikus muss man Dank aussprechen.
Die Wissenschaftler der nachfolgenden Gene-
rationen, haben die Grundlage für die heutige Astronomie geschaffen. Das kopernikani-
sche Weltbild stellt die Sonne ins Zentrum des
Weltalls. Das revolutionierte in der Renaissance
die Astronomie. Sowohl Kopernikus und Galilei und Kepler haben sich auch mit Astrologie beschäftigt. Irgendwie hat der Glaube
mit Unglauben zu tun. Dann erläuterte Kopernikus Gedanken zum Münzwesen; er meinte, die Inflation entstehe durch reine Zunahme von Geldmitteln. Das ist nicht von der
Hand zu weisen. Er wurde 1564 in Pisa geboren und starb 1641 oder 1642 in einem Ort
nahe Florenz. Er war ein italienischer Univer-
salgelehrter. Er war Philosoph, Mathematiker,
Ingenieur, Physiker, Astronom und Kosmologe
in einem. Viele seiner Entdeckungen, vor allem
in der Mechanik und der Astronomie, galten

als bahnbrechend. Er entwickelte die Methode, die Natur sei durch die Kombination von Experimenten, Messungen und mathematischen Analysen nachgewiesen und wurde damit einer der wichtigsten Begründer der neuzeitlichen Naturwissenschaften. Berühmt wurde er die Verurteilung durch die katholische Kirche. Erst 1992 wurde er rehabilitiert.[9] Galilei war der erste Naturwissenschaftler, der ein Fernrohr besaß und Himmelskörper beobachtete. Er schleifte selbst Linsen, die eine 30-fache Vergrößerung gehabt haben sollen. Er soll auch den Rechenschieber entwickelt haben. Dieser hatte Bestand bis in die 60 Jahre des 21. Jhd. Er wurde später durch den Taschenrechner ersetzt. Die Himmelsbeobachtungen über den zerklüfteten Mond konnte er durch das Fernrohr wahrnehmen. Er war Professor in Padua, auf die sich auch Giordano Bruno Hoffnung gemacht hatte.

• [Giordano Bruno:] wurde 1548 in der Nähe von Neapel geboren. Am 17.2 1600 wurde er in Rom auf dem Scheiterhaufen verbrannt. Er war ein italienischer Priester, Dichter, Philosoph und Astronom. Am 12.März 2000 erklär-

te Papst Johannes Paul II. nach Beratung mit
dem päpstlichen Kulturrat und einer theologi-
schen Kommission, die Hinrichtung sei nun-
mehr auch aus kirchlicher Sicht als Unrecht zu
betrachten. Was lehrte Bruno? Er postulierte
die Unendlichkeit des Weltraums und die ewige Dauer des Universums. Damit stellte er sich
der herrschenden Meinung einer in Sphären
untergliederten geozentrischen Welt entgegen.
Viel schwerer wog damals, dass seine pantheis-
tischen Thesen von einer unendlichen materiel-
len Welt keinen Raum für das Jenseits zuließen,
weil die zeitliche Anfangslosigkeit des Universums eine Schöpfung und dessen ewiger Bestand und ein jüngstes Gericht ausschlossen.
Seine Ideen gelten bis heute als aktuell. Hatte
man damals Ideen, die der herrschenden religiösen Herrschaft entgegenliefen, ging es um
Leben und Tod. Heute gibt es atheistische Zir-
kel, die seinen Namen tragen. So war Bruno
derjenige, der auf Distanz zur Lehre der Kirche
ging.

• [Johannes Kepler:] wurde im Jahr 1571 in
Weil der Stadt, einer Stadt im heutigen Baden-
Württemberg, geboren und starb 1630 in Re-

gensburg. Er lebte in einer Zeit beginnender wissenschaftlicher Neuorientierung. In der frühen Neuzeit, in der er lebte, hatte Kopernikus seine Vorstellungen zum heliozentrischen Weltbild entwickelt. Mikroskop und Fernrohr wurden erfunden. Der dänische Astronom Tycho Brahe (1546–1601) führte zahlreiche Sternbeobachtungen durch. Heftige Auseinandersetzungen gab es damals um das heliozentrische Weltbild. Denn die katholische Kirche nahm die Aussage: **Im Anfang schuf Gott Himmel und Erde** wörtlich. Sie sagte auch, das kosmische Weltbild sei eine vom Satan diktierte Theorie. Offenbar war das eine Zeit, in der man die Erde als Scheibe annahm.

Kepler war Lutheraner. Er fand eine Anstellung in Linz. Seitdem die österreichische Stadt katholisch wurde, hatte er kein Einkommen mehr. Er fand sie beim dänischen Astronomen Tycho Brahe, der in Städten wie Rostock und Prag forschte und lehrte. 1560 fand eine Sonnenfinsternis statt. Sie wurde von Brahe gesehen. 1572 beobachte er mit seiner Schwester eine Supernova. Das war ein absolutes Novum in der Astronomie. Im Jahr 1594 entstand Keplers erstes astronomisches Werk, das unter dem Titel **Mysterium cosmographicum** (Geheimnis der Weltbeschreibung) herausgegeben wurde. In diesem recht spekulativem Werk werden die geometrischen Eigenschaften regulärer Körper mit den Abständen der Planetenbahnen in Verbindung gebracht und hat daraus den göttlicher Bauplan des Universums geschaffen.

• [Max Planck:] «Meine Herren, als Physiker, der sein ganzes Leben der nüchternen Wissenschaft, der Erforschung der Materie widmete, bin ich sicher von dem Verdacht frei, für einen Schwarmgeist gehalten zu werden. Und so sage ich nach meinen Erforschungen des Atoms dieses: Es gibt keine Materie an sich. Alle Materie entsteht und besteht nur durch eine Kraft, welche die Atomteilchen in Schwingung bringt und sie zum winzigsten Sonnensystem des Alls zusammenhält.» Plank hat von seinen Eltern ein Harmonium geschenkt bekommen. Darauf spielte der Kirchenliedern.

• [Erwin Schrödinger:] »Man sollte meinen, dass die Naturwissenschaft keine klareren Antworten geben kann als die Physik. Wenn wir die Natur anschauen, haben wir es mit einer

steten Abfolge von Gleichmäßigkeiten zu tun.
Nirgends können wir von einer Willkür in der
Natur sprechen. Eine Abfolge bedingt oder verursacht eine weitere Abfolge. Solche Erschei-
nungsmerkmale können statisch oder dyna-
misch sein.« Er schreibt weiter: »Die statische
Betrachtungsweise verleiht dem Entropiesatz
(griechisches Kunstwort für «Wendung und
Umwandlung» mit folgendem Inhalt: Alles Ge-
schehen entwickelt sich von relativ geordneten
gegen relativ ungeordnete Zustände.« (Schrödinger hat sich später dem indischen Glauben
zugewandt. Da es im ganzen Weltall weder
eine ewige noch intelligente Kraft gibt, ist es
der Menschheit nicht gelungen, das ersehnte
Perpetuum Mobile zu realisieren. Es wurde ad
absurdum geführt, müssen hinter jeder Kraft
einen bewussten und intelligenten Geist annehmen. Dieser Geist ist der Urgrund aller Materie.
Nicht die sichtbare und vergängliche Materie
ist das Reale, Wahre und Wirkliche. Materie
kann ohne den Geist nicht existieren. Die Information ist unsichtbar, es ist die einzige wahre
Welt. Da es aber Geist an sich ebenfalls nicht
geben kann, sondern jeder Geist einem Wesen

zugehört, müssen wir zwingend ein Geistwesen annehmen.»

Es folgen Zitate von Wissenschaftlern:

- [Richard Feynman:] «Betrachten wir eine Kraft wie eine Gravitation, die umgekehrt proportional dem Quadrat der Entfernung ist, aber ungefähr eine Milliarde mal einer Milliarde mal einer Milliarde mal einer Milliarde stärker ist. Dazu kommt noch ein weiterer Unterschied: Es gibt zwei Arten von Materie, die wir positiv und negativ nennen können. Gleiche Arten stoßen einander ab, ungleiche Arten ziehen einander an - im Gegensatz zur Gravitation, wo es nur Anziehung gibt. Was würde weiter passieren? Ein Bündel positiver Körper würde infolge der enormen abstoßenden Kräfte in alle Richtungen zerstreuen. Ein Bündel negativer Körper würde das Gleiche tun. Hingegen würde sich eine ausgewogene Mischung aus positiven und negativen Körpern völlig anders verhalten. Die entgegengesetzten Körper würden durch enorme Anziehung zusammengehalten. Das effektive Ergebnis wäre dann ein nahezu vollkommenes Gleichgewicht zwischen diesen fürchterlichen Kräften, die feste, feine

Mischungen aus positiven und negativen Körpern bilden [...]

Es gibt eine solche Kraft, nämlich die elektrische. Und die gesamte Materie ist eine Mischung aus positiven Protonen und negativen Elektronen, die einander mittels dieser großen Kraft anziehen und abstoßen. Das ist vollkommen [...] Doch [...] die kleinste Unausgeglichenheit würde wahrgenommen werden. Ständen wir eine Armlänge von jemandem entfernt, so wäre die abstoßende Kraft unfassbar groß. Wie stark wäre sie? Stark genug, um das Empire State Building hochzuheben? Nein! Um den Mount Everest hochzuheben? Nein. Die Abstoßung wäre so groß, dass sie ein Gewicht hebt, das dem der ganzen Erde entspricht.[1] Wären es nur negative Kräfte, würden sie auseinander streben. Der Weltraum würde scheinbar größer.»

• [Robert Laughlin:] Interview mit dem Spiegel (1/2008). Er wurde nach der Beweisbarkeit wissenschaftlicher Aussagen befragt. Hier ein Auszug:[5]

---

[1]Richard Feynman, Nobelpreis 1965 Physik (Quantenfeldtheorie)

• [Spiegel:] Und was ist Wahrheit? Dass das Universum im Urknall entstanden ist?

• [Laughlin:] Das ist Unfug. Viele stellen mir quasi religiöse Fragen. Woher wir kommen, wie das Universum entstanden ist und so weiter. Da kann ich als Physiker nur antworten: Da bin ich kein Experte in Sachen Experiment und Messung.

• [Spiegel:] Aber es gibt doch durchaus Messungen, die das Uhrknallszenario stützen. Die Rotverschiebung des Lichts ferner Galaxien, die Verteilung von Wasserstoff und Helium im Universum...

• [Laughlin:] [...]ja, und außerdem der Mikrowellen-Hintergrund. All das sind echte Daten. Aber das Uhrknallszenario ist nur eine Art Synthese daraus – eine Theorie.

• [Spiegel:] Und was ist in Ihren Augen der Wert einer solchen Synthese?

• [Laughlin:] Letztlich ist das nichts als Marketing. Wenn wir unseren Kindern etwas beibringen, dann reden wir zuerst von unseren Vorstellungen und Ideen, weil das leichter zu verstehen ist. Aber was für mich als Physiker wirklich zählt, das sind allein die Daten. (...)

Ich bin es satt, in Seminaren zu sitzen und mir Spekulationen über Schwarze Löcher und Superstrings anzuhören. Niemand redet da über Experimente. Wer wirklich originelle Dinge hervorgebracht hat, der weiß: Du musst dich zu disziplinieren wissen. Rede nur über Dinge, die auch messbar sind.

• [Simon:] Die Quantentheorie hebt den Unterschied zwischen Feld und Teilchen auf und damit den Unterschied zwischen dem, was materiell ist bzw. zwischen der Materie und dem, was man Immateriell nennt. Man wird dies das Geistige nennen wollen. Die Verschmelzung von der Relativitätstheorie und der Quantentheorie, ist die »relativistische Quantenfeldtheorie«. Sie kam zu dem Ergebnis, dass Teilchen nicht durch sich selbst, sondern nur mittels ihrer Wirkungen, die sie hervorbringen, existieren. Kein Ding existiert von sich aus, sondern durch ein anderes. [**Simon**]

• [Pauli:] Die wesentlichen meta-theoretischen Aussagen der Religionen werden von der Wissenschaft weder bestätigt noch widerlegt.

• [C.F.v. Weizsäcker:] Die moderne Physik gibt uns keinen Anlass zu glauben, ihre Geset-

ze beherrschen nur das, was wir »Materiell«
nennen, oder es gebe nichts anderes. Die Welt
ist im Tiefsten nicht materiell, sondern geistig.

• [Planck:] Der wohl unmittelbare Beweis für
die Verträglichkeit von Religion und Wissenschaft, auch bei gründlich-kritischer Betrachtung, ist die historische Tatsache, dass gerade
die größten Naturforscher aller Zeiten, Männer
wie Kepler, Newton, Leibniz von tiefer Religio-
sität geprägt waren.

• [Popper:] Unsere europäische Zivilisation
ist die Einzige, die eine Naturwissenschaft hervorgebracht hat, und in der diese Wissenschaft
eine geradezu entscheidende Rolle spielt. Sie
ist das Produkt des Rationalismus, der antiken
griechischen Philosophie.

• [Leisenberg:] Er zitiert den Astrophysi-
ker H. Lesch: »Glauben Sie an eine Viele-Welt-
Theorie: Nein. Das ist eine Sache, mit der kann
ich überhaupt nichts anfangen. Ehrlich gesagt,
ist das der verzweifelte Versuch um Gott her-
umzukommen.« Swinburne: »Eine Billion Bil-
lionen anderer Universen postulieren anstel-
le von einem Gott, um das Universum zu erklären, scheint der Gipfel der Irrationalität zu

sein.«

• [Die Bibel:] »So spricht der HERR: Wenn man den Himmel oben messen könnte und den Grund der Erde unten erforschen, dann würde ich auch verwerfen das ganze Geschlecht Israels [...]«, Jeremia 31,37. Jeremia dachte anders als viele seiner Schriftpropheten. Psalm 90,10: »Unser Leben dauert siebzig Jahre, und wenn wir noch Kraft haben, dann auch achtzig Jahre. Und was uns daran so wichtig erschien, ist letztlich nur Mühe und trügerische Sicherheit. Denn schnell eilen unsere Tage vorüber, als flögen wir davon.«

Doch wie verwirrend bleibt die Frage, die einmal ein Physiker gestellt hat: »Wie kann ein Energiestrom, der ziellos dahinfließt, das Leben und das Bewusstsein in der Welt verbreiten?« [4]

• [Charles Darwin:] Als einer der ersten Denker der Neuzeit gilt Charles Darwin. Er studierte Theologie unter William Paley. Darwin war entzückt von der Beweisführung Paleys. Später stellte er die Lehre auf den Kopf.[6] In Cambridge, wo er Theologie studierte, traf er auch mit dem Botaniker John Steven Henslow

zusammen, zu dessen Schülerkreis er bald gehörte. Er übte auf Darwin großen Einfluss aus.
Henslow war gläubiger Christ und Landpfar-
rer (1839). Als Darwin am Vermessungsschiff
HMS Beagle von 1831-1836 teilnahm und mit
anderen Kulturen, Naturen und Menschen zu-
sammentraf, ging er auf Distanz zur Lehre Paleys. An Bord nahm er eine Sonderstellung
ein. Er speiste mit dem Kapitän. Sein Spitz-
name war u.a. Fliegenfänger. Als Darwin einige Gegenden des brasilianischen Urwalds
durchwanderte, war er entzückt. Er sprach von
der Eleganz der Gräser, Schönheit der Blumen,
Geräusch von Insekten, glänzendes Grün des
Laubes, Neuheit der parasitischen Pflanzen. Er
sprach von der Änderung der Artenvielfalt.
Dass sich Arten im Laufe von Jahren, Jahrhun-
derten und Jahrtausenden ändern, versteht sich
von selbst. Wenn er aber von der Entstehung
der Arten und vor allem von der Entstehung
des Menschen vom Tier spricht, dann klingeln
sämtliche Alarmglocken. Es ist unstrittig, dass
die Hände der Menschen leicht gekrümmt sind,
so als ob sie früher auf Bäumen geklettert seien.
Wenn der Mensch vom Affen abstammt, fragt

sich, warum es immer noch Affen gibt? Auch der Kampf ums Dasein, vom Darwin formuliert, ist nur zu verständlich. Darwin war ein religiöser Mensch. Und er war Einzelgänger. Er hat nie Vorträge gehalten, nie Bücher geschrieben. Als er 1892 starb, starb er einsam. Das offizielle England nahm zunächst keine Kenntnis von ihm. Er wurde einfach ignoriert. Darwin, der Weltreisende, hat seine Cousine geheiratet. [6] So ist der, der mit einem Vermessungsschiff unterwegs war und zahlreiche Möglichkeiten gehabt haben dürfte, wurde zu einem Dorfansässigen.

- [Franz M. Wuketits.] schreibt in seinem Büchlein »Darwin und der Darwinismus« zum Schluss den bemerkenswerten Satz: »Man kann Darwin mit Fug und Recht als einen der bedeutendsten Aufklärer bezeichnen.«[6] Dem kann man zustimmen. Das Büchlein ist gut zu lesen. Es hat nur 108 Seiten, Format 180 x 120 mm. Da hat es einen komfortablen Index. Die beiden Begriffe **Schöpfung oder Evolution** sind abstrakter Natur. Die beiden Begriffe sind bloße Annahmen, aber keine Fakten.

- [Ernst Mayr (1904-2005):] war ein deutschameri-kanischer Biologe. Man nannte ihn den »Darwin des 20.Jahrhunderts«. **Er schreibt:**

»Die von Darwin eingeleitete intellektuelle Revolution reichte weit über die Grenzen der Biologie hinaus; sie führte zur Absage an eine grundlegende Glaubensvorstellungen jener Zeit. So widerlegte Darwin den Glauben an die individuelle Erschaffung einer jeden Menschen. Er setzt an seine Stelle die Überlegung, alles Leben stamme von einem gemeinsamen Vorfahren ab. In Ausweitung dieses Gedankens führte Mayr die Vorstellung ein, sie sei nicht das Ergebnis eines Schöpfungsakts, sondern habe sich überall in der Welt wirksamen Prinzipien entwickelt.«

Mayr stammte aus dem Allgäu, insofern könnte er dem katholischen Glauben zugehörig gewesen sein. Das wird deutlich mit der Erwähnung des Begriff **Schöpfungsakt**.

Es ist erstaunlich, welche Vorstellungen Mayr hat. Er spricht von intellektueller Revolution, Erschaffung des Menschen, Schöpfungsakt. Was aber sind **wirksame Prinzipien?** Wie Darwin ist auch Mayr ein religiöser Mensch. Er leistete sich einen Fauxpas. Er schreibt: »Evolutionsdenken und Evolutionsmodelle wenden wir an, wenn wir uns mit der Antibiotikresistenz von Krankheitserregern, der Pestizidresistenz von Schädlingen, der Bekämpfung von Krankheitserregern (z.B. Malariamücken), Krankheitsepidemien, der Herstellung neuer Nutzpflanzen auseinander setzen müssen. So sagt er: Die Wissenschaftler erforschen die Evolution. Sie habe alle Teilgebiete der Biologie bereichert.« Der eigentliche Begriff **Evolution** stammt vom Engländer Herbert Spencer (Seite 64).[6] Heute schreiben wenige Gelehrte etwas zu Darwin, sieht von wenigen Christen ab, die meinen, zu Darwin etwas zu schreiben.

Sir Fred Hoyle schreibt dazu: »Die Wahrscheinlichkeit, dass sich aus unbelebter Materie Leben entwickelt hat, beträgt eins zu einer Zahl mit 40.000 Nullen. Diese ist groß genug, um Darwin und die ganze Evolutionstheorie unter sich zu begraben.«

So gibt es bis heute Für und Wider für die Entstehung der Welt. Die Lösung der Frage ist höchst einfach. Jean Guitton schreibt dazu: » Wir sind nicht eines schönen Tages einfach so aufgetaucht, weil ein paar kosmische Würfel auf die richtige Seite gerollt sind.«

• [Bertrand Russell:] (1872-1970). Eine weitere britische Größe war Bertrand Russell. Er war Mathematiker, Philosoph und Literatur-Nobelpreisträger (1950). Seine Mutter sei gläubig gewesen, sagt er. Russell war Pazifist[2] und wurde gerne zu Vorträgen eingeladen. Er schrieb 1957 das Essay »Warum ich kein Christ bin.« Er argumentierte folgendermaßen: »Alles Erschaffene hat eine Ursache, einen Ursprung. Er fragt: Wer hat Gott erschaffen?« Christus Jesus sagt in Johannes 4,24: «Gott ist Geist und die ihn anbeten, müssen ihn im Geist und in der Wahrheit anbeten.»

Geist ist keine Person, sondern eine gedachte Dimension. Der Ewige ist zeitlos und ewig. Er wurde nicht erschaffen. Russell war auch bekannt für tiefe und zugleich wahre Zitate: »Die moderne Menschheit hat zwei Arten von Moral: eine, die sie predigt, aber nicht anwendet, und eine andere, die sie anwendet, aber nicht predigt.«

Russell geht von Gott aus, denn er spricht von ihm. Es gibt eine Vielzahl irdischer Din-

---

[2]Haltung, die jede Art von Krieg ablehnt.

ge. Der Allmächtige ist kein irdisches Ding.
Wenn es so wäre, hätten die Menschen ihn
längst beseitigt. Er ist auch nicht eine von Menschen geschaffene mediale Macht. Der Ewige
ist Geist; er ist das Medium, das zwischen Himmel und Erde schwebt. Blickt man in die Natur,
hat man ein Bild vom Allmächtigen. Mit jedem Atemzug wird seine Existenz bestätigt.
Das Firmament hat keinen Anfang. Der Begriff
»Höllenfeuer« wird in Matthäus 5,22 erwähnt.

Man hat den Eindruck, Begriffe wie »Hölle
und schwarze Löcher« seien geistig miteinander verwandt. Wer dort hinkommt, dem schlägt
das ewige Feuer entgegen. Eine weitere Frage geht dahin, wie groß das Universum ist.
Fachleute sind sich selbst nicht einig. Die eine
Gruppe spricht von 78 Milliarden Lichtjahren,
die andere Gruppe nennt 138 Milliarden. Wie
auch immer, sowohl der eine Wert als auch
der andere, entspricht nicht dem menschlichen
Vorstellungsvermögen. Sowohl der eine Wert
als auch der andere hat keine Grenze, die man
ausmessen könnte. Das Universum ist nicht begrenzt und hat auch keinen Rand. Ganz früher
war man der Meinung, die Erde sei eine Fläche

und man falle am Ende hinten runter. Das wäre dann der direkte Zugang zur Hölle.

• Albert Einstein wurde 1879 in Ulm geboren in Ulm, gestorben 1955 in Princeton. Legendär ist seine Formel von der Relativitätsthese. Seine berühmte Formel lautet:

$$E = mc^2$$

Die Formel dient schwerlich zum Berechnen von Körper im All, sondern ist wohl eine Anschauung. Energie (E) =Masse (m) und die Zeit zum Quadrat, wobei die Zeit gleich Lichtgeschwindigkeit sei. Masse ist der innere Zusammenhalt eines Körpers. Ein kleiner Planet hat eine größere Masse als 1000 Strohballen.

Einstein hat einige bemerkenswerte Zitate formuliert:

1. Seitdem die Mathematiker über die Relativitätstheorie herfallen, verstehe ich sie selbst nicht mehr.

2. Die wichtigste Erkenntnis ist die, wir leben in einem liebenden Universum.

3. Wenn die Menschen nur über das sprächen, was sie begreifen, dann würde es

ganz still auf der Welt sein.

4. Phantasie ist wichtiger als Wissen, denn Wissen ist begrenzt(und sagen: Zahlen drücken etwas Begrenztes aus).

5. Zwei Dinge sind verständlich, das Universum und menschliche Dummheit, aber bei dem Universum bin ich mir nicht ganz sicher.

● **Das Superteleskop:**

Die europäischen Staaten haben in einem trockenen Wüstengebiet Chiles ein Superteleskop mit dem sinnigen Namen **Very Large** errichtet. Hier soll das Rätsel zur Entstehung des Universums enträtselt werden. Das Geld hätte man lieber den Armen gegeben. Was der Mensch sieht, sind sichtbare Dinge. Die materielle Welt ist ein Blick in die Vergangenheit. Ein Blick in die Zukunft ist nicht möglich, weil diese Welt ja noch nicht geworden ist! Das gilt überall für reale Dinge.

KAPITEL 4

DER ALLMÄCHTIGE

>>Je länger ich das Universum
erforsche und die Einzelheiten
seiner Architektur untersuche, desto
mehr Indizien deuten für mich
darauf hin: In einem gewissen Sinn
muss das Universum gewusst haben,
dass wir kommen.<<
Freeman Dyson, englischer Physiker
und Mathematiker

• **Der erste Satz der Bibel lautet:**

**Genesis 1,1: »Im Anfang schuf Gott Him-
mel und Erde.«**

• Setzen wir für die Begriffe «Erde und Himmel» die Mehrzahl ein, so sprechen wir von
Erden, Planeten und Sternen. Jeder der Him-

melskörper ist vom ihrem eigenen Luftraum umgeben. Je größer ein Himmelskörper ist, desto größer der umgebende Luftraum. Und je kleiner der Himmelskörper, desto kleiner der Luftraum. Dabei kann ein Luftraum und und verschiedene Planeten nicht einem anderen System kollidieren. Ein Planet kann nicht in einen anderen stürzen. Der Begriff «Himmel» hat religiöse Bedeutung. Der Begriff «Luftraum» hat neutralen Charakter.

• Oder setzen wir für den Begriff *Himmel* den Begriff *Firmament* ein, dann heißt es:[1] Das ist das Konzept, das der Anblick des sichtbaren (blauen) Himmels und des Sternenhimmels zeigt. Es sind astronomische Ereignisse, die in einem protowissenschaftliches Modell gefasst sind[9].

• Der zweite Schritt: Alle Luftkörper rotieren im Luftraum. Bei dieser Rotation entsteht ein Luft-Sand-Gemisch, und das atmen wir Menschen ein. Die Idee ist nicht neu. Es heißt in

---

[1]Seit dem 13. Jahrhundert bezeugt vom spätlateinischen **firmamentum**, wörtlich: **Befestigungsmittel** und besagt Lufthülle, und das steht im Kontext mit der Erdkruste. Es bezeichnet in den frühen Weltbildern den über der Erde gelegenen Teil des Kosmos.

Genesis 2,7 "Da formte Gott, der Herr, den
Menschen aus Erde vom Ackerboden und blies
in seine Nase den Lebensatem. So wurde der
Mensch zu einem lebendigen Wesen." Machen
wir hierzu einen Versuch. Wir atmen Luft ein
und blasen durch die Nase wieder aus. Wird
der Vorgang wiederholt und intensiviert, dann
folgen zwei Merkmale. Zum einen wird die Nase befeuchtet und zum haben ein Gefühl, man
schwebt. Das ist ein Bild vom Allmächtigen. [2]

Wenn also von Atem die Rede ist, gibt es
zwei Dimensionen zu beachten: Das eine ist
die Zeit (zwischen tagtäglichen Atemzügen,
der andere Aspekt ist das Gewicht der Luft.
Was sich auf der Erde befindet, sind die bereits
erörtern Partikel. Der unendliche Kosmos zeigt
die gleichen Staubpartikel; sie werden lediglich
auf unser System konvertiert.

• Wenn das Staub-Sand-Gemisch auf der Erde endlich wäre, wäre der Kosmos kein offe-
nes System. Da aber der Kosmos weder einen
Anfang noch ein Ende hat, verglühen Sterne,
aber Staubpartikel entstehen neu. Wenn Sterne

---

[2]Wortspiel mit den Ausdrücken für Ackerboden
(adamáh) und Mensch (adám).

und Sternschnuppen verglühen, so gibt es neue Sternbilder. So ist der Atemstoff und das Sonnensystem ohne zeitliche Begrenzung. Würde der Atemstoff nur für unser Sonnensystem gelten, würden wir bald im Vakuum leben. Der Tod wäre die unausweichliche Folge. Das aber würde dem Plan des Allmächtigen zuwiderlaufen.

• Alle kosmischen Stoffe durchlaufen einen Filter, der über der Erdatmosphäre aufgehängt ist und für Lebewesen passend gemacht wird.

Hierzu gibt es eine allegorische Deutung: Es gibt Kaffee aus Brasilien 34%, aus Vietnam 14%, aus Kolumbien 6% und aus anderen Kaffeeländern. Wir nehmen jeweils einen Kaffeelöffel voll von jeder Sorte, gießen Wasser hinzu. Wenn der Kaffee fertig ist und getrunken wird, kann man nicht mehr feststellen, aus welchen Ländern der Kaffee kam. So ist es auch mit der Atemluft. Man kann nicht mehr feststellen, aus welchem System die Atemluft kam. So wird die Atemstoffe für Mensch und Tier passend gemacht.

• Das Atmen gehört zum Menschen. Hat der Mensch aufgehört zu atmen, ist er von der

Welt abgeschieden. Der Pfarrer spricht dann die liturgische Formel: »Erde zu Erde, Asche zu Asche, Staub zu Staub.«. Dabei wirft er ein Schäuflein Erde ins Grab. »Von der Erde genommen, ist er zur Erde zurückgekehrt.«

Die Atemluft ist ein komplexes System. Stellen wir uns klares Wetter und bester Sonnenschein vor. Wenn wir zum Horizont schauen, begegnen sich Himmel und Erde und bilden eine Einheit. Die Dinge laufen aufeinander zu. Wenn wir in alle Himmelsrichtungen blicken, sehen wir den gleichen Vorgang. Die Bibel sagt in Jesaja 66,1 »So spricht der Herr: Der Himmel ist mein Thron und die Erde der Schemel für meine Füße.« Solche Aussagen kommen in der Bibel mehrmals vor.

• Alle Menschen atmen. Dabei ist egal, was es für verschiedene Menschen gibt. Sind ei es Weiße, Braune oder Gelbe, sie atmen die gleichen Atemstoffe ein. Der reichste Mensch der Welt und der Ärmste, alle Menschen atmen das Luftsystem. Für den Herrscher und seine Knechte gilt das gleiche. Selbst der Atheist und konservative Christ atmen den gleichen Lebenssaft ein.

• Im sogenannten Schöpfungsbericht heißt es: Vers 2 »Finsternis lag über der Urflut.« In Vers 9 wird vom Trockenen gesprochen. Dies wurde bereits im Vers 1 mitgeteilt. Da der Himmel oben ist und die Erde unten, hat das Bild von Geometrie zu tun. Der Begriff Himmel kommt in der Bibel rund 600 mal vor, die Erde rund 800 mal. So stehen Himmel und Erde im Kontext. Das Eine kann nicht ohne das Andere bestehen. Die Bibel nennt den sichtbaren und den unsichtbaren Himmel(hebr. schamajin, griech.aurnos

• Der weitere Text in der Bibel geht von Orten und Zeiten aus. In Kapitel 1, 26 heißt es, dass Gott den Menschen schuf in seinem Bild. Er schuf sie als Mann und Frau. Weiter im Kapitel 2,5 heißt es: »Der Herr hat noch nicht regnen lassen.« Der Text sagt etwas von »Tag und Nacht« aus (Vers 18). Dieser Vorgang dürfte damals bekannt gewesen sein. Der Text ist Teil des siebten Tags – es ist der Sabbat. So gibt es die Sieben-Tage-Woche, der Regenbogen soll sieben Farben haben. Man kann ein Papier nicht mehr als siebenmal falten. Wenn Gott ewig ist, muss die Welt seit Ewigkeiten

bestanden haben und ohne Ende sein. Wäre
es anders, wäre Gott nicht ewig. Gottes Herrschaft geht über Millionen Jahre, mal Millionen
Jahre, mal Millionen Jahre. Einfach unendlich.

• In den Versen 10-14 wird der Garten in Eden
beschrieben. Eigentlich müsste es heißen: »Land
Eden.« (Der Begriff »Eden« heißt soviel wie
»Wonne oder Wonneland«. Etymologisch kommt
das Wort aus der altiranischen, awestischen
Sprache; pairi daza steht für ein eingezäunte
Fläche. Verwandt ist das hebräisch pards (in
späteren biblischen Texten für »Baumgarten«
oder »Park« bzw. »ein von einem Wall umge-
bener Baumpark«.)[9] Das Baumland in Eden
soll bewässert werden. Die Flüsse werden wie
folgt beschrieben:

• 1.Fluss: »Pison, der das Land Hawila umfließt.« Im 1. Buch Samuel 15,7: »Saul aber
schlug die Amalekiter (im ganzen Gebiet) zwischen Hawila und der Gegend von Schur, das
Ägypten gegenüberliegt.«
• 2.Fluss: »Gihon, welcher das Land Kusch
umfließt.« Kusch oder Kasch = Nubien und ist
derselbe Begriff.Gen 2,13 Ist der Nil gemeint?
• 3.Fluss: ist der »Tigris, welcher östlich von As-

sur fließt.« Assur war die Hauptstadt von As-
syrien. Mit diesem Land beginnt die Geschichte
der imperialen Großmächte. Legendär ist der
König Assurbanipal. Um etwa dem 19. Jahrhundert (n.Chr.) hat man neue Informations-
quellen erschlossen. Man fand Königspaläste,
Wohnhäuser, Altäre und weitere Objekte.[1]

• 4.Fluss: »Eufrat.« Dieser Fluss wird nicht näher beschrieben. Man hätte erwartet, dass der
Eufrat westlich von Assur fließt. Das Land zwischen beiden Flüssen nannten die Griechen
Mesopotamien. In 5.Mose 1,7 steht: »Wendet
euch und zieht hin, dass ihr zu dem Gebirge
der Amoriter kommt und zu allen ihren Nach-
barn im Jordantal, auf dem Gebirge und in
dem Hügelland, im Südland und am Ufer des
Meeres, ins Land Kanaan und zum Berge Liba-
non, bis an den großen Strom, den Euphrat.«
So ist der Fluss die Ostgrenze des Alten Israel.

4.1. Jahre und Zeiten

Der Text sagt etwas aus zu den Faktoren »Örtlichkeit und Zeit« Alle Texte sind im 5. Buch
Genesis ab Vers 3 zu lesen.

- Vers 5: »Die gesamte Lebenszeit Adams betrug neunhundertdreißig Jahre, dann starb er.«
- Vers 8: »Die gesamte Lebenszeit Sets betrug neunhundertzwölf Jahre, dann starb er.«
- Vers 17: »Die gesamte Lebenszeit Mahalalels betrug achthundertfünfundneunzig Jahre, dann starb er.«
- Vers 23: »Die gesamte Lebenszeit Henochs betrug dreihundertfünfundsechzig Jahre.« Vers 24: »Henoch war seinen Weg mit Gott gegangen, dann war er nicht mehr da; denn Gott hatte ihn aufgenommen.« Der Inhalt des Textes ist einmalig.
- Vers 27: »Die gesamte Lebenszeit Metuschelachs betrug neunhundertneunundsechzig Jahre, dann starb er.«

- Mit zunehmenden Alter werden die Lebensalter reduziert.

Psalm 90,10: »Unser Leben dauert siebzig Jahre, und wenn wir noch Kraft haben, dann auch achtzig Jahre. Und was uns daran so wichtig erschien, ist letztlich nur Mühe und trügerische Sicherheit. Denn schnell eilen unsere Tage vorüber, als flögen wir davon.« Der Mensch, der mit jedem Tag einen Tag älter wird, nimmt dann Abschied von der Erde.

• Informationen zu Christus Jesus

Es ist nicht einfach, ein Artikel über Jesus zu schreiben. Es gibt viele Bücher mit unterschiedlichen Aussagen. Einfache Möglichkeit das Thema zu erfassen, ist das **Lexikon zur Bibel [bl]**.

1. Griechische Form des hebr. Josua bzw. Jeschua »Jahwe ist Rettung«.
2. Jesus steht im griech. Text in Apostelgeschichte 7,45; Hebräer 4,8 auch für Josua (den Sohn des Nun).
3. Judenchrist mit dem Beinamen Justus von dem Paulus in Kolossä 4,11 spricht.

• Hierzu folgende Aussagen:

- • Christus ist der Titel und die Amtsbezeichnung von Jesus. Das griech. *christos* ist die Übersetzung des aram. *meschicha* und bedeutet *der Gesalbte* (Messias 1.Samuel 24,7) wird beschrieben wie David einen Zipfel vom Mantel Sauls abschnitt, später reute es ihn und er sagte: »Saul ist König und ist der Gesalbte des Herrn.«

- Auf die Frage an die Jünger wer er sei, sagte Petrus (Matthäus 16,16f). »Du bist Christus des lebendigen Gottes Sohn.«

- Jesus lebte und wirkte in der Gewissheit, der im AT der geweissagte Messias zu sein. Er war aber darauf bedacht, dass seine Messiaswürde verborgen blieb. (Mt 16,20, 17,9; Lk 4,41. Erst wenn der Menschensohn von den Toten aufersteht, sollten sie das verkünden. In Johannes 4,25-26 stellt sich Jesus als Christus vor (siehe auch Johannes 35-37).

- Seine Herkunft wird auf Abraham bezogen. Es heißt in Johannes 8,58: Jesus sagte: »Amen, Amen, ich sage euch: Noch ehe Abraham wurde bin ich.«

- Johannes in 17,5 heißt es: »Vater, verherrliche du mich jetzt bei dir mit der Herrlichkeit, die ich bei dir hatte, bevor die Welt war.« In Philipper 1,6 schreibt Paulus: »Er war Gott gleich, hielt aber nicht daran fest, wie Gott zu sein.«

- Der Vater von Jesus war Zimmermann

(Holzhandwerker) Mk 6,3: »Ist das nicht der Zimmermann, der Sohn der Maria ...« Dass Jesus selbst seinen Vater bei der Arbeit unterstützt hat, kann angenommen werden. Bald wendet sich das Blatt.

Als Jesus um die dreißig Jahre alt war, wurde aus Jesus der Christus, d.h. der Gesalbte. Wir sprechen vom König David, auch vom König Salomo. So auch vom Christus Jesus. Der Titel wird zuerst genannt, dann folgt der Name.

● **1. Wunder: Wasser wurde zu Wein**
Standort ist die Hochzeit zu Kana (Johannes 2,1-10). Der Ort liegt rund 10 km von Nazareth entfernt – dem Geburtsort von Jesu. Die Hochzeit dauerte sieben Tage (Richter 14,12). Wie bei Hochzeiten üblich, wird Wein getrunken. Musik gespielt, dabei Reden geführt werden. Das Hochzeitspaar steht im Vordergrund. Man wird auch Glückwünsche ausgesprochen haben. Es werden auch Erzählungen gehört werden. Dann mangelte es an Wein. Sollte die Hochzeit deshalb Veranstaltung geschlossen werden oder sollte eine Gruppe von rüstigen Männern mit schnellen Reitkamelen zu einem Basar eilen, um Fässer von Wein zu holen? Un-

ter den Hochzeitgästen war ein rüstiger Mann mit Bart und langen Gewand. Der Mann war Jesu. In der Ecke standen 6 Stück Krüge, wie sie beim jüdischen Opferdienst verwendet werden. Jeder Krug soll um die 100 Liter fassen. Jesu ließ vom Bedienpersonal die Krüge mit Wasser füllen. Mit einem Schöpflöffel verteilte er vom alten Wein in die neuen Wasserkrüge. Jetzt bedarf es nur eine Zunahme von Zucker und Hefekulturen und schon wäre der neue Wein fertig. Normalerweise dauert das 2-3 Wochen. Diese Zeit enthält aber nur Spuren vom Wein. Der neue Wein ist damit eine Verkürzung der Zeit. Der Speisemeister ließ sich den neuen Wein schmecken und fragte: »Warum habt ihr den besten Wein bis jetzt aufgehoben?«

• 2. Wunder: Heilung aus der Ferne

Jesus ging von Samaria wieder nach Kana in Galiläa (Johannes 4,46-54). Dann betritt ein königlicher Beamter die Szene. Er kommt aus Kapernaum, was rund 50 Kilometer von Kana entfernt liegt. Er sagte zu Jesus: »Mein Sohn liegt krank im Bett. Er hat starkes Fieber, komm herab und rette ihn.« »Ich bin schon bei vielen Ärzten gewesen, darunter Scharlatane, Haus-

und Hofprediger, Propheten und andere Gaukler.[3] Es ist von jüdischen Gelehrten die Rede.

Die Ärzte haben gerne Geld genommen, aber sie haben meinen Sohn nicht gesund gemacht.« Weiter führte der königliche Beamte aus. »Man sagt von dir, du hättest zum Allmächtigen, El Schaddai, gute Kontakte, deshalb komm herab und rette meinen Sohn.« Als Jesus ihm antwortete: »Dein Sohn ist gesund«, gab er zur Antwort. Hier sprach jemand mit göttlicher Autorität. Der Beamte glaubte den Worten Jesu. Er machte sich auf und ging nach Hause. Unterwegs kamen ihm seine Knechte entgegen und sagten freudig: »Dein Sohn lebt, er ist gesund.« Der Beamte forschte nach, wann die Gesundung eingetreten sei. Sie sagten zu ihm: »Es war gestern um die siebte Stunde.« So erfährt ein Kranker, dem Tode nahe, aus der Ferne Genesung. Dass es die *siebte Stunde* war, ist kein Zufall.

• 3. Wunder: Heilung eines Kranken

Nach Johannes 5,1-16 gab es ein Fest der Juden in Jerusalem. Dort weilte auch Jesus. Anschließend zog er zum See Bethesda weiter. Das übersetzt heißt

---

[3]Zephanya 3,3 »Ihre Fürsten in ihrer Mitte sind brüllende Löwen am Abend, die nichts übrig lassen für den Morgen. Ihre Propheten sind leichtfertige betrügerische Menschen. Ihre Priester entweihen das Heiligtum.«

Fünf-Säulen-Halle. Am Ufer lagen Verkrüppelte, Tau-
be, Blinde und Abgezehrte. Dort lag auch ein Mann,
der war 38Jahre lang behindert. Er konnte nicht
gehen. Man sah es dem Mann an, dass er keine
Hoffnung mehr hatte. Die Mundwinkel waren nach
unten gezogen. Die Augen waren vor Weinen ge-
rötet. Eigentlich ein hoffnungsloser Fall.

Dieser See hatte eine Besonderheit: Immer, wenn
das Wasser bewegt wurde, konnten Menschen hin-
eintrete n und wurde geheilt. und Nur unser Kranker hatte keine Chance, ins Wasser hineinzutreten.
Es gab auch keinen Menschen, der sich seiner er-
barmt hätte. Dann betrat Jesus den Teich. Eigenarti-
gerweise war an diesem Tag Sabbat. Nach 2. Mose
31, ab Vers 14 steht einiges dazu: »Jeder, der am
Sabbat arbeitet, muss unbedingt getötet werden.«
Als Jesus mit dem kranken Mann zusammenkam,
erbarmte er sich und fragte ihn: »Willst du gesund
werden?« Unser Kranke sagte: »Herr, ich habe keinen Menschen, der mich hinein bringt in das beweg-
te Wasser. Wenn das Wasser bewegt wird, steigen
andere hinein. und kümmern sich nicht um mich«
Jesus fragte ganz mitfühlend: »Nimm deine Liegematte und geh umher!« Wer ist dieser Mann, der
ein 38-jähriger Mann von Krankheit gequält und
im Eiltempo geheilt wurde? Zunächst wusste der
ehemals Kranke nicht, wer der war, der ihn gesund
gemacht hatte. Die Juden sagten zu dem geheilten

Mann: »Es ist dir nicht erlaubt, am Sabbat die Liegematte zu tragen.« Der Mann, der mich gesund gemacht hat, sagte zu mir: »Nimm deine Liegematte und geh umher.«

Die Juden fragten ihn, wer ist dieser Mann? Als der Geheilte im Tempel ihn sah, sagte er: «Dies Mann ist hat mich geheilt.

Weil es Sabbat war, verfolgten die Juden Jesus; er sollte getötet werden! Jesus heilte den Mann in einem einzigen Moment. Er ist nicht in Reha gegangen, und kein Professor hätte ihn heilen können.

• 4. Wunder: Speisung einer Volksmenge

Nach Johannes 6,1-13 trugen sich die Zeichen am Ostufer des Sees von Galiläa zu, den man auch den See von Tiberias nennt. Jesus setzte sich mit seinen Jüngern auf einen naheliegenden Berg. Ein große Volksmenge, etwa 5000 Männer, lagerte sich unten am See, um die Wunder zu bestaunen, die er an Kranken tat. Jesus fragte Philippus, «Wo können wir Brote kaufen, damit diese Leute satt werden?» Philippus sprach von 200 Denare. Jesus fragte spekulativ, wie können so viele Leute satt werden. Dann kommt Andreas zu Wort: »Hier ist ein Junge,der fünf Gerstenbrote und zwei Fische hat.« (Zahl sieben). Er fragte: «Aber was ist das schon bei so vielen Leuten?» Dann heißt es: Rund um den See gab es viel frisches Gras. Dort konnte man verweilen. Es war wohl Frühsommer. Jesus nahm

die Brote und die Fische, sprach ein Dankgebet.
Dann durfte jeder soviel essen, wie man wollte. Es
blieben sogar noch 12 Körbe übrig (die 12 Stäm-
me Israels?). Das Wunder erinnert an die Hochzeit
zu Kana. Auch an diesem Ereignis wurde etwas
Vorhandenes in kurzer Zeit vermehrt. Der Faktor
»Zeit« spielte auch hier eine Rolle.

• 5. Wunder: Auferweckung des Lazarus

Als Jesus (Johannes 11,17-44) in Bethanien, einem
Ort etwa drei Kilometer östlich von Jerusalem, an-
kam, traf er dort die Schwestern Maria und Martha.
Ihr Bruder min Namen Lazarus war seit vier Tage
tot und lag in einer Grabhöhle. Martha sagte zu
Jesus: »Herr, wenn du rechtzeitig gekommen wärst,
wäre mein Bruder nicht gestorben, denn ich weiß,
dass Gott dir die Dinge des Lebens gelingen lässt.«
Jesus sagte: »Die Krankheit wird nicht zum Tod
führen, sondern Gott soll verherrlicht werden.« Jesus blieb noch zwei Tage in Bethanien. Er sagte
zu seinen Jüngern: »Lasst uns nach Judäa ziehen!«
Die Jünger sagten zu ihm: »Rabbi, eben noch woll-
ten die Juden dich steinigen, und du begibst dich
wieder dorthin?«

Die Leute aus der Stadt kamen, um die beiden
Schwestern zu trösten. Die Juden waren auch dabei, als Jesus von Martha zur Gruft geführt wurde. Sie sagten, als man den Verschlussstein von
der Grabhöhle beseitige, »Bedenke Herr, der Tote

stinkt schon.« Jesus sagte: »Ich bin die Auferstehung und das Leben!« Dann sagte Jesus: »Lazarus
komm heraus!« Dann trat etwas ein, was man nicht
erwarten konnte. Lazarus kam als Lebender aus
der Grabhöhle heraus. Er ist vom Tod zum Leben
hinübergegangen.

• **6. Wunder** Das Leben, den Tod und die Auferstehung Jesu zu beschreiben, stellt eine der größten
Ereignisse der Weltgeschichte dar. Jesu war Mensch
und Geist in einer Person. Wegen seiner Auferstehung entstanden viele Gotteshäuser.

• Johannes 12,23-24: Jesus gab ihnen zur Antwort:
»Die Zeit ist gekommen, wo der Menschensohn in
seiner Herrlichkeit offenbart wird. Ich sage euch:
Wenn das Weizenkorn nicht in die Erde fällt und
stirbt, bleibt es ein einzelnes Korn. Wenn es aber
stirbt, bringt es viel Frucht!«

• Johannes 19,17-20: Er trug sein Kreuz selbst aus
der Stadt hinaus zur Schädelstätte; die auf hebräisch Golgatha heißt. Dort kreuzigte sie ihn und mit
ihm zwei andere. Jesus hing in der Mitte. Pilatus
ließ ein Schild ans Kreuz bringen mit der Aufschrift:
»Jesus von Nazaret, König der Juden.« Dieses Schild
wurde von vielen Juden gelesen; denn der Ort, an
dem Jesus gekreuzigt wurde, war außerhalb der
Stadt. Die Aufschrift war hebräisch, lateinisch und
griechisch verfasst. Jesus durfte nicht in Jerusalem
beerdigt werden. Er war ja kein irdischer König, der

über andere geherrscht hätte und wer ihm widersprochen hätte, der mit seinem Tod rechnen müssen.

• Johannes 20,1-10: Am ersten Tag der neuen Woche, frühmorgens, als es noch dunkel war, ging Maria aus Magdala zum Grab. Sie sah, dass der Stein, mit dem man das Grab verschlossen hatte, nicht mehr vor dem Eingang stand. Da lief sie zu Simon Petrus und zu dem Jünger, den Jesus besonders lieb hatte, und sie berichtete ihnen: »Sie haben den Herrn aus dem Grab weggenommen, und wir wissen nicht, wohin sie ihn gebracht haben.« Sofort machten sich Petrus und der andere Jünger auf den Weg und gingen zum Grab hinaus. Die beiden liefen zusammen los, aber der Jünger Petrus war schneller und erreichte das Grab als Erster. Er beugte sich vor, um hineinzuschauen und sah die Leinenbinden daliegen; aber er ging nicht hinein. Simon Petrus jedoch, der inzwischen auch angekommen war, ging in die Grabkammer hinein. Er sah auch das Tuch, das man dem Toten um den Kopf gewickelt hatte, das lag zusammengerollt an einer anderen Stelle liegen. Jetzt ging auch der Jünger, der zuerst angekommen war, ins Grab hinein und sah alles. Und er glaubte. Nach der Schrift stand fest, Jesus ist von den Toten auferstanden. Das aber verstanden sie damals noch nicht. Nun gingen die Jünger wieder heim.

• **Die Auferstehung von Lazarus** war die Auferstehung von Jesu eine logische Folge daraus. Auch hier spielt Zeit und Örtlichkeit eine Rolle. Jesus war Herr der Zeit und der Welt. Die Kreuzigung Jesus fand laut Markus 15,25 um die dritte Stunde statt. Nach unserer Zeitrechnung dürfte es sich um 9.00 Uhr gehandelt haben. Nach Kapitel 15,33 kam eine Sonnenfinsternis über das Land, sie dauerte bis zur neunten Stunde. Das dürfte gegen 15.00 Uhr gewesen sein. Das ist bis heute der Karfreitag. Um Mitternacht waren es noch 15 Stunden. Beim folgenden Samstag sind es 24 Stunden. Also blieb Jesu rund 40 Stunden in der Grabkammer. Am ersten Tag der Woche war Jesus von den Toten auferstanden. Alle Wunder wurden an verschiedenen Zeiten und Orten ausgeführt. Er hätte ein tiefe Dunkelheit bewirken können. Er tat es nicht, denn er wusste, dass er von den Toten auferstehen würde. Man den Ewigen und den Gesalbten Gottes nicht sehen. Wenn eine Unrecht geschieht, sollte man nicht Gleiches mit Gleichem vergelten. In Matthäus 5,39 Christus Jesus Folgendes schreiben: »Leiste dem, der euch etwas Böses antut, keinen Widerstand.«

Wer an Jesus glaubt, dessen Seele geht zum ewigen Leben hinüber. Was sagte Christus Jesus zum ungläubigen Thomas:»Leg deinen Finger auf diese Stelle hier und sieh dir meine Hände an!«, forderte er ihn auf. »Reich deine Hand her und leg sie in meine Seite! Und sei nicht mehr ungläubig, sondern glaube« (Johannes 20,27). Wer oder was ist Gott? Jesus hat Gott geoffenbart. Sehen wir auf Jesus Christus, haben die den Allmächtigen vor uns! Bei den sogenannten Wundern soll ein Gedanke erwähnenswert sein: Jesus war Person und zugleich göttlicher Geist. Bei der Stillung des Sturms kam Jesus über den Wassern den Jüngern entgegen. Der Geist ließ ihn über Wasser bewegen. In Apg 7,55 heißt es: »Stephanus aber, vom Heiligen Geist erfüllt, blickte jetzt unverwandt zum Himmel hinauf, denn er sah dort die Herrlichkeit Gottes, und er sah Jesus, der an Gottes rechter Seite stand.«

- **Sprache, Bewegung und Zeit.**

Genesis 1,1: »Im Anfang schuf Gott Himmel und Erde.«

Schaut man sich den Satz näher an, ist das Wort **Anfang** mit dem Wort **Ende** gekoppelt. Sollte es aber keinen Anfang gegeben haben, gibt es auch kein Ende. Denken wir an den Urknall, die Ursuppe, dem Zufall oder die Stecknadeltheorie. Die so genannten Theorien gehen von Anfängen aus. Der biblische Text wurde geschrieben, als Himmel und Erde bereits bestanden. Der sogenannte Schöpfungsbericht ist im Nachhinein verfasst worden. Man tat so, als ob die Schreiber bei den Erzählungen von Himmel und anwesend gewesen wären. Wenn es heißt: »Gott schied die Finsternis vom

Licht«, musste der Schreiber von Tag und Nacht gewusst haben.

Im Buch **Kohelet** (Prediger) heißt es im Kapitel 5.1: »Gott ist im Himmel und du bist auf der Erde, darum sollst du nicht viele Worte machen.«

1.Mose 8,22:

»Von nun an, alle Tage der Erde, sollen nicht aufhören Saat und Ernte, Frost und Hitze, Sommer und Winter, Tag und Nacht.« Dieser Text besagt genau das, was bereits oben gesagt wurde.

Setzt man für den Begriff **Gott** den Begriff **Ewiger** ein, wird daraus Ewigkeit bzw. Unendlichkeit. Der Begriff **Ewig und Ewigkeit** besagt mehr, als Worte sagen können. Wird der Begriff **Gott** mit **Allmächtiger** eingesetzt, wird daraus die Allmacht Gottes.

Im Weltschöpfungsmythos des Eunuma Elish heißt es:

»Als oben der Himmel noch nicht existierte und unten die Erde noch nicht entstanden war, gab es Apsu, den ersten, ihren Erzeuger, und Schöpferin Tiamat, die sie alle gebar; sie hatten ihre Wasser miteinander vermischt, ehe sich Weideland verband und Röhricht zu finden war? Als noch keiner der Götter geformt oder entstanden war, die Schicksale nicht bestimmt waren, da wurden die Götter in ihnen geschaffen[...]«

Dieser Text ist typisch für religiöse Texte, sind

aber mit Schriften des orthodoxen Judentum nicht
verwandt.

• **1 Mose 1,2b:** Himmel und Erde gehören zur gemeinsamen Welt. Im ganzen Universum gibt es
Planeten, Sonnen und Sterne. Das wird bekleidet
durch den jeweiligen Luftraum. So kann man sich
die reale Welt vorstellen: Die Planeten, Sonnen und
Sterne hängen in ihrem jeweiligen Luftraum. Hätten wir einen einzigen Luftraum, ohne Materie-
Gebilde, könnten keine Lebewesen existieren. Hätten wir nur Materie, ohne Luftraum, würde das
einen einzigen Klumpen Materie bedeuten. Daher
ist der Luftraum verwandt auch mit dem Licht-
raum. Aus diesem Grund nehmen wir die Dinge
in der Welt wahr. Das Lebenslicht kann man nicht
sehen, sondern steht im Verhältnis zum Materie-
Gebilde. Zum Licht sei nur eine einzige Bibelstelle
angeführt.

Jesus Sirach 3,26: »Wer kein Auge hat, dem fehlt
das Licht, wer keine Einsicht hat, dem fehlt die
Weisheit.«

• **Rotation.** Auch als Rotationsenergie bezeichnet.
»Es ist die kinetische Energie eines starren Körpers
(Beispiel: Schwungrad), der um einen festen Punkt
oder seinen (beweglichen) Massenmittelpunkt ro-
tiert. In diesen beiden Fällen lässt sich die kinetische
Energie des Körpers in einen translatorischen und
einen rotatorischen Anteil zerlegen. Diese Energie

ist abhängig vom Trägheitsmoment und der Win-
kelgeschwindigkeit des Körpers: je mehr Masse von
der Rotationsachse entfernt ist, desto mehr Energie
gibt der Körper ab, wenn seine Rotation gestoppt
wird.«[9] Rotation ist eine kreisähnliche Bewegung.
Alle Himmelskörper drehen sich nahezu im Kreis.
Bei diesem Vorgang entsteht Reibung. Die Produk-
te daraus sind kleine Staubkörnchen. Der Vorgang
ist nicht abgeschlossen. So hat man in unserem
Sonnensystem 59 neue Planeten gefunden. Das sagte Ignasi Ribas vom Institut d'Estudis Espacials
de Catalunyavon von der Universität Göttingen
(Datum: 23 Februar 2023). Die Suche dürfte noch
nicht abgeschlossen sein. Bei der Rotation auf unserem Sonnensystem entsteht Staub. Das wird durch
Staubwischen im Wohnbereich deutlich. Beim Menschen, bei den Tieren ist das Staub-Sand-Gemisch
Lebensgrundlage Der Luftraum ist auch der Licht-
raum und gleichzeitig der Atemraum, und das entspricht auch dem Energieraum. Das Tageslicht kos-
tet nichts, nur das Kunstlicht muss bezahlt werden.
Sonne, Wind und Wasser, diese Elemente sind nicht
feststehend, sondern in dauernder Bewegung.

Die Bibel sagt dazu: **Genesis 3,19:** »Im Schweiße
deines Angesichts sollst du dein Brot essen, bis
du zurückkehrst zum Ackerboden, von ihm bist
du genommen. Denn Staub bist du, zum Staub
musst du zurück.« Die Bibelstelle etwas aus vom

Staubgemisch, das die Lebensgrundlage ist.

• Wenn wir das Staub-Sand-Gemisch einatmen, ist
das Grundlage für Sprache, Wellen und andere Be-
wegungsarten. Wir reden und hören zu. Dazu gehören auch Schwingungen. Es gibt stetige, periodi-
sche, harmonische Schwingungen. Die einfachste
Schwingung ist die Schaukel. Sie pendelt zwischen
Höhepunkt und Anfangspunkt. Wenn zwei Kugeln
auf einem Gestänge montiert sind und in Bewegung gesetzt werden, schwingen sie hin und her.
Bei einer Stimmgabeln geben Schwingungen einen
Ton von sich. Glocken werden durch Seile (oder
durch Motoren) in Schwingen versetzt.

Eine besondere Schwingungsart wurde durch
den bekannten Physiker Léon Foucault begründet.
Er machte im Jahr 1851 ein ungewöhnliches Experiment. Damals hatte man noch keinen Beweis für
die Erddrehung. Zum Beweis hängte er an ein lan-
ges Seil ein schweres Gewicht, befestigte das andere
Ende an einem Gewölbe des Pantheon. An ein Früh-
lingsmorgen startete er das Experiment. Zu seiner
großen Verwunderung stellte Foucault fest, dass
die Schwingungen seines Pendels nicht feststehend
sind Pendel hatte zunächst in Ost-West-Richtung
ausgeschlagen, verlagerte sich aber in Nord-Süd-
Richtung. Aus welchen Grund geschah das? Fou-
caults Antwort war einfach: Dieser Richtungswech-
sel war nur eine Täuschung. In Wirklichkeit drehte

sich die Erde in absolut gleicher Richtung.[4] Die Schwingungsamplitude beträgt von der Mitte aus ca.40 cm. Léon Foucault hatte somit die Welt in Erstaunen versetzt.

Nehmen eine weitere Information: **Funk, Echo und Schall.** Das ist auch ein Beispiel für schwebende Luftpartikel. In diesem Fall ist es eine drahtlose Übertragungstechnik mithilfe von Funkwellen. Hierzu gehören Radartechnik, WLAN, Handys, Navigationssysteme, Satellitenrundfunk, Fernsehwellen, Waffentechnik, um nur einige Punkte zu zeigen. Der Schall ist ein hörbares Geräusch, einen Klang, ein Ton, ein Knall bzw. Überschallknall bei Flugzeugen. Der Schall wird von Menschen, Maschinen, Flugzeuge und Raketen erzeugt. Das wird dem Ohr-Gehirn-System auditiv mitgeteilt. Man unterscheidet den Nutzschall, wie Musik oder die Stimme. Es gibt auch den Störschall durch Baustellen und den Verkehrslärm. Allgemein kann gesagt werden: Wie man in den Wald hineinruft, so schallt es zurück. Fische im Meer verständigen sich durch Schall. Bei einer Schalldämmung minimiert man den Lärm. Die Schallarten werden in Frequenzen eingeteilt.

•

Die Sprache ist ein komplexes System der Kommunikation. Darunter fallen menschliche Sprachen sowie auch konstruierte Sprachen, wie sie im Tierreich anzutreffen sind. Zeichensysteme und kommunikative Handlungen, die als Sprache bezeichnet werden. Die Zahl der menschlichen Sprachen beläuft sich weltweit um die 6.000, wobei Schätzungen zufolge ungefähr 90 Prozent davon am Ende dieses Jahrhunderts verdrängt sein werden. Im Weltatlas der gefährdeten Sprachen listet die UNESCO alle vom Aussterben bedrohten Sprachen auf. Mit dem Erlöschen einer Sprache geht auch ein kulturelles Gedächtnis verloren.[9] Die Sprache, auch die gesungene, geschieht durch Anwesenheit schwebender Stoffe. Die Sprache ist das Medium, mit dem man sich unterhält. Menschen sprechen in einer bestimmten Tonlage. Der Mann wie auch die Frau und das Kind sprechen in verschiedene Tonfrequenzen. Die Frequenzen sind auch das Resultat von unterschiedlicher Gemütslage. Ist sie freundlich, ärgerlich, schreiend, enttäuschend, zornig, heiter oder beschwingt, so fallen auch die Sprachtöne aus. Das menschliche Gehirn ist in andauernden Bewegung. »Alles fließt«, sagte schon Heraklit und Aristoteles sagt: »Man kann nicht immer in die Flusswelle steigen, die vorher abgeflossen ist.« Weiter sagt Heraklit: »Wer in dieselben Flüsse hinabsteigt, dem strömt stets anderes Wasser zu.« Was verflossen ist, ist vorbei und kehrt nicht zurück. Einatmen ist Gegenwart, Ausatmen ist auch Gegenwart. Nur das vorherige Einatmen ist jetzt Vergangenheit geworden. Das ist Beleg für den Faktor Zeit. Vergangenheit kann nicht zur Gegenwart werden. Wer schreibt, dem sind im Gehirn sprachliche Bilder vorgeprägt. Der eine Mensch spricht, der andere hört zu. Sollte man eine Sprache sprechen, die andere Menschen verstehen können, ist das Kommunikation. Wie sagte Jean Guitton: »Nun sind die sprachlichen Äußerungen unserer Stimme Symbole für das, was unserer Seele widerfährt, und unsere schriftlichen Äußerungen sind wiederum Symbole für die (sprachlichen) Äußerungen unserer Stimme. Und wie nicht alle Menschen mit denselben Buchstaben schreiben, so sprechen sie auch nicht dieselbe Sprache.«

- **Atem und Sprache:**

> **Dum spiro spero: »Solange ich atme, hoffe ich.«**
> Marcus Tullius Cicero 3. Januar 106 v. Chr. - 7. Dezember 43 v. Chr. war Schriftsteller, Philosoph und berühmtester Redner Roms.

Genesis 2,7: »Da bildete Gott der HERR den Menschen, Staub von der Erde und blies den Odem des Lebens in seine Nase, und so wurde der Mensch eine lebendige Seele.«

Alle Menschen, egal ob groß oder klein, reich

oder arm, alle Hautfarben, ob Frau, Mann oder Kind alle atmen. Der Atemstoff ist gleich der Erdatmosphäre umgebendes Gasgemisch. Das besteht im trockenen Zustand aus den Hauptbestandteilen Stickstoff (78,08 Vol) und Sauerstoff (20,95 Vol). Daneben gibt es noch Edelgase (wie z. B. Argon, Helium, Krypton und Xenon) sowie andere Spurenstoffe (wie z. B. Kohlendioxid, Methan, Wasserstoff, Distickstoffmonoxid und Kohlenmonoxid), deren Anteile zusammen liegen unter 1 Vol. Quelle: (Landesanstalt Für Umwelt Baden-Württemberg).

Das Atmen geschieht immer neu. Die Luftdichte ist gleich mit 1,293 kg/m^3. Ein Liter Luft wiegt 1,293 Gramm. Der Vorgang reguliert sich auf natürliche Weise. Der Mensch atmet pro Tag die unglaubliche Summe von 10.000 Liter Atemluft ein. Nach einem Monat mehr als 300.000 kg oder 1,3 Tonnen. Er stößt dabei nur eine geringere Menge an Kohlendioxid aus:[4]

• Zu Zeiten der klassischen Antike war man der Meinung, Luft sei luftleer und hätte kein Gewicht. Erst der italienische Physiker und Philosoph Galileo Galilei hatte das spezifische Gewicht der Luft als den 660-sten Teil des Wassers bestimmt.

Zum Bestimmung des Gewichts der Luft sei eine

---

[4]http://www.spektrum.de/quiz/welche-luftmenge-atmet-ein-gesunder-erwachsener-taeglich-ein-und-aus/678392).

Balkenwaage konstruiert. Auf jeder Seite der Waage wird jeweils ein Luftballon befestigt. Die Waage wird justiert. Dann wird ein Luftballon aufgeblasen und an die vorherige Stelle befestigt. Der zweite Luftballon bleibt luftleer. Nach welcher Seite wird das Pendel ausschlagen? Es neigt sich zur Seite des aufgeblasenen Ballons. Damit ist das Gewicht der Luft erbracht.

Da jeder Mensch reine Atemluft einatmet, werden beide Lungenflügel beaufschlagt. Diese haben bei verschiedenen Menschen verschiedene Volumen. Als Beispiel seien Sportler, Taucher oder Bergsteiger erwähnt. Das Lungenvolumen ist bei solchen Gruppen größer als beim Normalbürger. Es gibt nichts ohne Ausnahme. Es gibt Berufsgruppen, bei denen die Atemwege gefährdet oder erkrankt waren. Zum Beispiel wäre Staublunge bei Grubenarbeiter und Asbesthose bei ehemaligen industrielle Arbeitern zu nennen. Aber auch die stickige Luft von Industrieschloten und Autoabgasen spielen eine Rolle.

• Der Mensch atmet frische Luft ein. Dabei stößt er eine geringe Menge Kohlendioxid aus:[5] Wenn der Mensch im Sommer bei einer Arbeit ein- und ausatmet, bildet sich Schweiß. Ein natürlicher Vorgang. Es kommt zum Körpergeruch. Jeder Mensch

---

[5]http://www.spektrum.de/quiz/welche-luftmenge-atmet-ein-gesunder-erwachsener-täglich-ein-und-aus/678392).

riecht anders. Ein Krankenhaus fordert zu einem
Rundgang auf. In Lukas 20,38 heißt es:« Er ist nicht
ein Gott von Toten, sondern von Lebenden, denn
für ihn leben alle.» Die Krankenschwester fährt ihre Patienten auf den Balkon und sagt:»Atmen Sie
frische Luft, das wird ihnen gut tun!« Wir begleiten
einen Stationsarzt bei einer Visite. Der Arzt nimmt
sich die Krankenakte, schaut dabei den Patienten
an. Er will sich vergewissern, ob er den Hauch des
Todes riecht oder ob es mit Patienten aufwärts geht.
Der Arzt riecht in das Krankenzimmer hinein. Er
wird sich selbst dessen nicht bewusst. Der optische
und der geruchsmäßige Eindruck ist ein Kriterium
für den Arzt. So ist das Ausströmen von Düften ein
Indikator von Krankheiten. Eine Katalogisierung
von solchen Düften steht allerdings noch in den
Anfängen.

Es gibt Versuche, besonders ausgebildete Hunde
haben am Urin eines Patienten Blasenkrebs gerochen. Die Haut eines Typhuspatienten riecht nach
frischem Brot. Wer an Röteln erkrankt ist, dessen
Schweiß verströmt den Duft frisch gerupfter Federn.
Der Mensch riecht nicht nur aus dem Mund, sondern verströmt auch aus den Poren eigene Düfte. In
dieser Angelegenheit hat das Bundesforschungsmi-
nisterium mehre Millionen an Euro zur Verfügung
gestellt hat. (Rheinischer Merkur 3.2009.)[6] Neuer-

---

[6]www.focus.de/gesundheit/ratgeber/zaehne/tid-

dings sollen Hunde das neue Covid 19 Virus gerochen haben.

• Der Atem ist ein genetischer Fingerabdruck.[7][9] Jeder Mensch atmet auf seine Weise. Und jeder Mensch hat einen eigenen Fingerabdruck. Und jeder Mensch hat seinen einzigartigen Geruch. Und ist ein einzigartiges Wesen. Das ist beim Ewigen registriert. In der revidierten Elberfelder Bibel heißt es in Lukas 20,38: « Er ist nicht ein Gott von Toten, sondern von Lebenden; denn für ihn leben alle.» Es ist nicht erforderlich darauf hinzuweisen, dass das Sand-Staub-Gemisch für Lebende wahrgenommen wird, nicht für Tote. So ist der Atem, der Geruch und der Fingerabdruck beim Ewigen registriert. Jeder Mensch ist einmalig.

• Der Begriff der **Zeit** ist ein weiteres Thema in diesem Buchs. Der Kirchenvater Augustin sagte dazu: «Wenn mich jemand fragt, was Zeit ist, weiß ich es,

---

13538/frischer-atem-manche-krankheiten-kann-man-riechen_ aid_ 376407.html

[7]Als genetischer Fingerabdruck wird ein DNA-Profil eines Individuums bezeichnet, das für dieses in hohem Maße charakteristisch ist. Die DNA wird aus Zellen gewonnen, die aus Gewebeteilen oder Sekreten, zum Beispiel Sperma, Hautzellen oder Speichel stammen. Das Verfahren wird in der Molekularbiologie auch als Genetic Fingerprinting oder DNA Fingerprinting bezeichnet. Alec Jeffreys war auf dieses Verfahren gestoßen. In Deutschland wurde es erstmals 1988 als Beweis in einem Strafprozess anerkannt.

was sie ist. Wenn ich das aber sagen soll, weiß ich es nicht.» Eigentlich ist die Sache höchst einfach: Es gibt eine Zeit und den Zeitvorgang. Hierzu zählen Tage Nächte, Sommer und Winter. Sonnenschein und Regen, Blitz und Donner und andere Naturereignisse. Die antike Väter haben ihre Herden vom Aufgang der Sonne bis zu ihrem Niedergang geweidet. Die Babylonier haben die Zeit nach Sternen berechnet. Das nennt man heute Astrologie. Bis es zur Kalenderzeit und zur heutigen Uhrzeit kam, sind tausende Jahre vergangen. Es gibt eine natürliche Zeit und eine menschliche. Die natürliche Zeit ist die, wo die Körper »aufgehangen« sind im All. Das AT geht zurück auf das Jahr 3988. Das ist Zeit, bei der sich die Erschaffung Welt und der Menschen zugetragen haben soll. Der Tod und Auferstehung Jesu Christi ist für die westliche Welt das Jahr 1. Auch Geschlechtsregister spielten eine Rolle. Abraham lebte nach jüdischer Zeitrechnung um das Jahr 2006 v.Chr. Nach christlichen Daten entspricht das dem Jahr 1982 v.Chr. Es wird eine Ahnenreihe aufgeführt. Das Geschlechtsregister des Alten Testaments endet mit dem Jahr 3653, was nach christlicher Zählweise dem Jahr 333 v.Chr. entspricht.

Tausend Jahre später haben Griechen unter Alexander dem Großendie Zeit auf ihn berechnet. Nach der dritten Generation eines Herrschers konnten die Menschen nichts mehr mit den alten Herrschern

anfangen. Als man ein anderes Zeitmessgerät, war
das eine Art Ur-Uhr. Eine der ersten Uhren wurde
in Ägypten gebaut. Es handelt sich um eine Wasser-
uhr. Bei einigem technischen Verständnis kann man
nachvollziehen, wie der Mechanismus funktionierte.
Wasser war das Medium, das weitere Funktionen
auslöste. Eine solche Uhr sollte zuverlässig die Zeit
anzeigen. In Griechenland gab es eine vergleichbare
Konstruktion. Sie wurde Klepsydra = Wasserdiebin
genannt (etwa 400 v.Chr.).[9]

Die antike Zeit geht auf Christus Jesus zurück.
Nachdem sich das Christentum im Römischen Reich
durchgesetzt hatte, wurde die antike Zeitrechnung
durch die christliche ersetzt. Zuvor zählte man in
Rom entweder die Jahre »ab urbe condita« (a.u.c. =
seit der Gründung der Stadt Rom) oder die Jahre
des jeweils amtierenden Herrschers. In christlicher
Zeitrechnung beinhaltete das Geburtsjahr Christi
die neue Zeit.

Als Begründer der christlichen Zeitrechnung gilt
der römische Mönch Dionysius Exiguus, der um
500 n.Chr. lebte. Er zählte nicht mehr die Jahre nach
dem Regierungsantritt des damaligen Kaisers Dio-
kletian, sondern die »anni ab incarnatione Domini«,
die «Jahre nach der Menschwerdung Gottes». Dionysius datierte Christi Geburt nach alter Zählung
754 äb urbe condita". Somit wurde das Jahr 755
a.u.c. zum Jahr 1 nach Christus. Dionysius verrech-

nete sich allerdings um 4 bis 7 Jahre, so dass die
Geburt Jesu in der Forschung paradoxerweise zwischen 7 v. Chr. und 4 v. Chr. datiert wurde. Die Ka-
lenderberechnung mit Tagen, Monaten und Jahren
bezog sich weiterhin auf den Julianischen Kalender,
den Julius Caesar 46 v. Chr. eingeführt hat. Die Einteilung der Woche mit sieben Tage nimmt Bezug
auf die Schöpfungsgeschichte und entstammt dem
jüdischen Kalender.

Im Mittelalter verwendete man bis zur Kalender-
reform im Jahr 1582 den Gregorianischen Kalender
(benannt nach Papst Gregor XIII) Er enthält keine einheitlichen Tagesdaten nach Zahlen, sondern
bezog sich auf bestimmte Ereignisse oder Heiligen-
feste. Die meisten katholischen Länder übernahmen
den Gregorianischen Kalender entweder direkt im
Jahre 1582 oder kurz darauf. Die orthodoxen Länder Osteuropas hingegen behielten den Julianischen
Kalender bis zum Anfang des 20. Jahrhunderts bei.
Einige orthodoxe Kirchen begehen ihre Feste noch
heute nach dem Julianischen Kalender.

Weil der Mensch älter wird, heißt es in **Psalm
90,10:** heißt es: »Unser Leben dauert siebzig Jahre,
und wenn wir noch Kraft haben, dann auch achtzig
Jahre. Und was uns daran so wichtig erschien, ist
letztlich nur Mühe und trügerische Sicherheit. Denn
schnell eilen unsere Tage vorüber, als flögen wir
davon.«

Prediger 3,1-4: »Alles hat seine bestimmte Stunde. Und jegliches Vorhaben unter dem Himmel hat seine Zeit. Geboren werden hat seine Zeit, sterben hat seine Zeit; pflanzen hat seine Zeit, ausreißen, was gepflanzt ist, hat seine Zeit; töten hat seine Zeit, heilen hat seine Zeit; abbrechen hat seine Zeit, bauen hat seine Zeit; weinen hat seine Zeit, lachen hat seine Zeit; klagen hat seine Zeit, tanzen hat seine Zeit [usw].«

• In Mailand wurde die erste Kirchturmuhr mit Schlagwerk gebaut. Das Ziffernblatt hatte den Tag in 4 mal 6 Stunden eingeteilt. Seeleute verrichteten ihre Arbeit in diesem Zeitrahmen. Die Zahl 24, die den vollen Tag ausmacht, ergibt sich durch Multiplikation der Zahlen 4 mal 6. Die heute verwendete Zeiteinteilung in 60 Sekunden und 60 Minuten geht auf die Babylonier zurück. Das nennt man das Sexagesimalsystem.

Um 1550 n.Chr. gab es eine weitere Entwicklung. Das Nürnberger Ei wurde konstruiert. Es handelt sich dabei um eine Taschenuhr mit Feder- und Räderwerk. Die ovale Form war der Namensgeber. So wurden Uhren kleiner und liefen genauer. Ein weitere Meilenstein. Durch den Einsatz von präzise anzeigenden Uhrzeiten, wurden sie von äußeren Einflüssen unabhängig. Jede Stadt und jede Kirche und jeder Bahnhof hat heute seine eigenen Uhren. Reiche Leute, etwa Kaufleute (Fugger) oder sonstige Wohlhabende, kauften goldene Uhren, um damit zu prunken.

Der technische Werdegang der Uhr wurde laufend verfeinert und verbessert. Wenn es in Berlin 12 Uhr schlug, hatte Paris die gleiche Zeit. Die Uhren brachten Menschen und Völker näher zusammen. Fast möchte man sagen, die Einheit Europas begann mit der Uhr. In gewisser Weise wurden sogar Menschen vereinheitlicht. Tagein, tagaus richtet man sich nach der Uhr. Deshalb ist unsere Zeit von der Uhr nicht mehr wegzudenken. Die Uhr gestaltet den Tagesablauf und die Arbeitsabläufe. Nicht wir beherrschen die Zeit, sie beherrscht uns! Die Uhr erwies sich als eine Art Diktator.

Afrikaner haben keine Uhren, aber viel Zeit. Wir haben Uhren, aber keine Zeit. Das ist widersprüchlich. Es gibt nichts ohne wirtschaftliche Bezüge wie bald zu zeigen sein wird.

● **Infos zur Arbeitszeit:**

Eine Stunde bleibt zwar immer eine Stunde, aber es wurde erwartet, dass man innerhalb einer bestimmten Zeit mehr Arbeit verrichtet. Die Formel lautete: Mehr Arbeit, mehr Gewinn. Dieses Motto gilt bis heute. So wurde eine schrittweise Änderung von der 40- auf die 35-Woche eingeführt. Was die Unternehmer vormachten, machten die Gewerkschaften nach. Man drehte an der Zeitschraube. So bekam man bei weniger Arbeitszeit die gleiche Entlohnung. Plötzlich wird China attraktiv.

Der Text besagt auch: Reiche werden reicher und Arme ärmer. Viele der reichsten Menschen der Welt hätten das gleiche Vermögen wie die Hälfte der armen Weltbevölkerung. Aber alle Gruppen atmen die gleiche Art Luft ein.

ANHANG A

WIEDERHOLUNG

Albert Einstein (1879-1955) schreibt: »Jedem tiefen Naturforscher muss eine Art religiöses Gefühl nahe liegen, weil er sich nicht vorzustellen vermag, dass die ungemein feinen Zusammenhänge, die er erschaut, von ihm zum ersten Mal gedacht werden. Im unbegreiflichen Weltall offenbart sich eine grenzenlose Vernunft. Die gängige Meinung, ich sei Atheist, beruht auf einem großen Irrtum. Wer sie aus meinen wissenschaftlichen Theorien heraus liest, hat sie kaum begriffen. Er hat mich völlig missverstanden und erweist mir einen schlechten Dienst[...] Ich glaube an einen persönlichen Gott, und ich kann mit gutem Gewissen sagen, dass ich niemals eine atheistische Weltanschauung gehuldigt habe. Schon als junger Student lehnte ich den wissenschaftlichen Standpunkt der achtziger Jahre ab, und ich betrachte Darwins, Haeckels und Huxleys Entwicklungslehren als hoffnungslos veraltet.«

- **Das erste Kapitel ist das Vorwort.**
- **Im zweiten Kapitel werden verschiedene Philosophen beschrieben.** Es begann mit Platon

- Der zweite Philosoph war Anselm von Canterbury. Er lebte von 1033–1199. Erhalten ist sein Gebet: »Also Herr, der du Glaubenseinsicht gibst, verleihe mir, dass ich, soweit Du es nützlich weist, einsehe, dass Du bist, wie wir glauben, über den nichts Größeres gedacht werden kann.«

- Der an dritter Stelle angeführte Philosoph war Thomas von Aquin. Thomas wurde nur 50 Jahre alt. Thomas bezog sich auf Aristoteles. Thomas macht sich diesen Satz zu eigen: Jeder Mensch begehrt zu wissen. Er fragt nach der Kausalität zwischen Materie und Form und woher kommt Bewegung und Zweck all dieser Begriffe. Er folgt sagt: »Alles ist Bewegung.« Es gibt in der Welt nichts ohne Bewegung.

- Blaise Pascal schrieb zum Gottesbeweis: »Wenn du an Gott glaubst, so verlierst du nichts. Wenn du aber nicht glaubst, so wirst du in die Hölle geworfen.« Er sagt auch: »Weltliche Dinge muss an erkennen, damit man sie lieben kann. Göttliche Dinge muss man lieben, damit man sie erkennen kann.«

- Baruch de Spinoza hieß auf Portugiesisch **Bento de Espinosa**. Er war jüdischer Herkunft. Seine Eltern lebten in Portugal und zogen nach Amster-

dam, wo Baruch im Judenviertel geboren wurde.
Acht Tage später, nach der Beschneidung, bekam
er den Namen **Baruch**. Als sein Vater 1654 starb,
entdeckte er bei sich einen Widerspruchsgeist. Er
lernte Latein. Als er seine Verteidigungsschrift nicht
in Jüdisch, sondern in Latein verfasste, musste er
auf Betreiben der jüdischen Rabbiner Amsterdam
zeitweise verlassen.

• John Locke: Der Philosoph lebte von 1632 und
starb im Oktober 1704. Er war englischer Arzt sowie einflussreicher Philosoph und Vordenker der
Aufklärung. Locke gilt allgemein als Vater des Libe-
ralismus. Er führte aus: Alle Ideen (ideas) stammen
aus Erfahrung. Darum sagte er:Er sagte: Ohne Erziehung gibt es keine Erkenntnis.

• Immanuel Kant war der deutsche Philosoph. Er
stammte aus einem evangelischen Haus. Sonntags
ging es immer in den evangelischen Gottesdienst,
was ihn prägte. Kant stammte aus Königsberg, dem
heutigen Kaliningrad. Seine Lebenszeit reichte von
1724-1804. Kant wurde 80 Jahre alt. Die philosophische Denkrichtung wurde später «Deutsche Aufklärung» genannt.

Es gibt zu Kant mehrere Denksprüche:

• Denn wenn Gott zum Menschen wirklich
spräche, so kann dieser doch niemals wissen, dass es Gott sei, der zu ihm spricht.

- Sapere Aude! Habe Mut, dich deines eigenen Verstandes zu bedienen!

- Zwei Dinge erfüllen das Gemüt mit immer neuer und zunehmender Bewunderung und Ehrfurcht, je öfter und anhaltender sich das Nachdenken damit beschäftigt: Der bestirnte Himmel über mir, und das moralische Gesetz in mir.

- Ich habe in meinem Leben viele kluge und gute Bücher gelesen. Aber ich habe in ihnen allen nichts gefunden, was mein Herz so still und froh gemacht hätte, wie die vier Worte aus dem 23.Psalm: «Du bist bei mir.»

- Ein weiterer Philosoph hieß Søren Kierkegaard. Er lebte von 1813-1855 und wurde nur 42 Jahre alt. Kierkegaards Vater, Mikael, zeugte sieben Kinder. Von diesen überlebten nur zwei. So fragte sich der Vater, warum die Strafe Gottes so groß war. Kierkegaards Philosophie war geprägt von Gegensätzen. Er hatte kein philosophisches System hinterlassen. Er lebte mit dem christlichen Glauben im Konflikt.

- Jean Guitton schreibt auf Seite 74 folgende Sätze: »Es ist richtig, dass die Wahrscheinlichkeitsrechnung für ein geordnetes, minutiös geregeltes Universum spricht, dessen Existenz nicht dem Zufall zu verdanken sein kann. Zwar haben uns die Mathematiker noch nicht ganze Geschichte des Zufalls erzählt: Sie wissen nicht einmal, was das ist. Aber sie haben mit Hilfe von Rechnern, die Zufallszahlen erzeugen, bestimmte Experimente durchführen können. Anhand einer von den numerischen Lösungen algebraischer Gleichungen abgeleiteten Regel hat man *Zufall produzierende Maschinen* programmiert. Hier weisen die Wahrscheinlichkeitsgesetze darauf hin, dass diese Rechner Milliarden mal Milliarden mal Milliarden Jahre rechnen müssten, bevor eine Kombination von Zahlen vergleichbar denen auftauchen kann, die die Entstehung des Universums und des Lebens ermöglicht haben.«

• **Das dritte Kapitel**

Alles Irdische ist sichtbar, der HERR, der im Luftraum schwebt, ist unsichtbar. Der Himmel ist oben und die Erde unten. Alle Erden, Sterne und Planeten rotieren. So entsteht das Luft, Staub und Licht. Es braucht jetzt nur noch die Elemente Sonne, Wind und Zeit schon werden solche Zutaten gemischt. Das ist der Zeit-, Luft-, Licht und Lebensraum. Der Atemraum entsteht aus schwebenden Luftpartikeln.

Zu Rotation gehören Wellen. Etwa Radio-, Funk- und Fernsehwellen. Der Atem, die Sprache, geschieht auf der Basis der Bewegung des Zeit-Luft-Partikel.

Es wurde die Frage nach dem Anfang der Welt gestellt. Es gibt zwei unterschiedliche Theorien. Die eine spricht vom Urknall. Es sei innerhalb einer billionstel Sekunde aus einem unendlich kleinen Punkt von unvorstellbaren Energiedichte und Temperaturen entstanden. Auf dieser Basis sei die heutige Welt entstanden. Aber Materie schafft keinen Geist. Die Welt ist geistigen Ursprungs. Solchen Geist kann man nicht schaffen, wiegen oder messen – er ist einfach da.

- **Vom Begriff der Zeit**

Alle realistischen Dinge sind sichtbar, die Zeit aber nicht. Es wurden Uhren gebaut, um die Zeit anzuzeigen. Die ersten Uhren wurden von Wasser und von der Sonne gesteuert. Dann entstand das Räderwerk. Bis zur komfortablen Uhr sind Hunderte von Jahren vergangen. Da alle Völker und Nationen der westlichen Welt von der Uhrzeit abhängig sind, der Afrikaner aber keine Uhrzeit kennt, arbeiten sie von Morgens bis Abends solange, bis der Tag sich neigt.

Ein biblisch geprägter Zeitrahmen:

Genesis 5,1-5:

»Das ist die Liste der Geschlechterfolge nach Adam: Am Tag, da Gott den Menschen erschuf, machte er ihn Gott ähnlich. Als Mann und Frau erschuf er sie, er segnete sie und nannte sie Mensch, an dem Tag, da sie erschaffen wurden. Adam war hundertdreißig Jahre alt, da zeugte er einen Sohn, der ihm ähnlich war, wie sein Abbild, und nannte ihn Set. Nach der Geburt Sets lebte Adam noch achthundert Jahre und zeugte Söhne und Töchter. Die gesamte Lebenszeit Adams betrug neunhundertdreißig Jahre, dann starb er.« die Ursache. Das Älterwerden ist nicht das Ergebnis von Sünde, sondern von Älterwerden. Alle Menschen und alle Tiere werden älter, das ist die Folge von Tod. Das wollen konservative Christen nicht hören. Sie reden lieber von der Sünde.

● **Nota bene**

Erinnern wir uns an den ersten Satz der Bibel! Der Himmel ist oben und die Erde unten. Der Himmel ist ein Ansammlung von Sonnen, Monden und Sternen. Bei der Rotation entsteht das Staub-Sand-Gemisch. Das wird von allen Menschen eingeatmet. Daraus ergeben sich Information, Gemeinschaft und Solidarität. Religion ist das Trennente zwischen Menschen und Völker. Wenn oben viel von Information, Miteinander und Solidarität die Rede war, hat das seinen Grund. Wenn heutige Menschen Gottesferne haben, haben sie kein Miteinander, sondern ein Gegeneinander. Würde der Menschen bescheidener auftreten, würde sich daraus ergeben: »Freiheit, Gleichheit, Brüderlichkeit.« Das ist ein Beitrag zum Frieden.

KAPITEL 5

LITERATURVERZEICHNIS

[1] Eva Cancik-Kirschbaum. *Die Assyrer*. C.H.Beck - Wissen, 2003. ISBN: 3-406-50828-6.

[2] Johannes Hirschberger. *Geschichte der Philosophie; zwei Bände*. Komet. Herder, Breisgau, 1952. ISBN: 3-933366-00-3.

[3] Karl Jaspers. *Der philosophische Glaube und Offenbarung*. München: R.Piper Verlag, 1962.

[4] Grischka Jean Guitton und Igor Bogdanov. *Gott und die Wissenschaft*. Artemis und Winkler Verlag, 1993. ISBN: 3-7608-1900-1.

[5] Robert Laughlin. *Urknall-Theorie – nichts als Marketing*. Perspektive, Juli 2008, S. 13. DOI: 1616-9182.

[6]   Franz M.Wutekis. *Darwin und der Darwi-nismus*. C.H.Beck - Wissen, 2005. ISBN: 3-406-50881-2.

[7]   R.Feldmeier W.H.Ritter, W.Schoberth und G.Altner. *Der Allmächtige. Annäherung an ein umstrittenes Gottesprädikat*. Göttingen: Vandenhoeck und Ruprecht, 1997, S. 68–82. ISBN: 9783525613528.

[8]   Ehregott Wasianski. *Zuhaus bei Kant*. Berlin: Semele Verlag, 2006. ISBN: 3-938869-03-8.

[9]   Wikipedia, Hrsg. *Onlinelexikon*. 2014. URL: www.wikipedia.de.

SACHVERZEICHNIS

HINWEISVERZEICHNIS

BIBELSTELLENVERZEICHNIS

FSC
www.fsc.org

MIX

Papier aus ver-
antwortungsvollen
Quellen
Paper from
responsible sources

FSC® C105338